唐村

林加春・著

推薦序

再見唐村

／林煥彰

長久以來，我對台灣兒童文學有一份期待；這長久的期待，是希望我們的兒童，在讀了太多外國的好文學作品之後，也能有機會讀到真正具有「台灣味兒的」、自己本土的好作品和重要作家出現。我這份期待，終於出現了！而且出現在我的一位老友身上；與有榮焉，十分高興。

現在，我讀完林加春老師即將出版的「傳奇」故事集《唐村》校稿，我十分有把握的說，它和他就是我所期待的作品和作家。

先說這位重要的作家；他是我二十多年不見的老友。年輕時他和我一樣，喜歡為兒童寫詩、辦兒童詩刊（《風箏》），推展詩教；但他比我更積極，在他任教的小學指導學生寫詩、畫畫，一教就十幾二十年，到最後還讓校長同意、支持他成立一個文學班，從三年級帶到六年級，一屆又一屆，直到退休為止；而學生的作品，也前後出版了好幾本詩畫集。

我這位老詩友加春老師，他比我小十來歲吧！幾年前知道他從教職退休，有些訝異！沒想到他退休之後的「人生規劃」，竟然是靜悄悄的全心全意投注在為兒童寫作上；而且所寫的，已經不再是我所知道的詩那單項的「舊行業」！當我有一天，不小心在《國語日報》兒童及少年文藝版看到他發表作品，是我完全沒有想到的文類——故事、童話和散文，真的有「士別三日，刮目相看」之感。加春住在大高雄城市邊緣地區，我想像他一定像隱居一樣，才能專注默默的耕耘兒童文學的寫作。

再說說他這部新作《唐村》吧！我前面提到它是「傳奇」的故事集，是因為內容的關係；《唐村》的第一章〈桃蹦兒河〉，一開始就帶著「傳奇」色彩的筆調，他寫著：

桃蹦兒河繞過唐村，村人的吃喝洗淨、莊稼栽種全靠它。這河的水夏天冰涼涼，冬天暖烘烘。水流總溫柔柔的，既不會嘩啦啦，發起大水嚇人；也不會滴滴答，叫人擔心乾涸缺水。桃蹦兒河啊，脾氣好得很。

這一下就抓住了我的好奇和閱讀興趣；想像他筆下的《唐村》，將帶給我什麼樣有趣、感人的故事？當我一章接一章讀下去時，怎麼有一股神奇的魅力，像聽說書一樣，叫我無法停下來！細想之後，就是因為故事中的人地事物，都非常「鄉土」，淳樸、忠厚、善良，各個都個性鮮明，栩栩如生，躍然紙上，而越看越覺得他所寫的故事背景，無疑就是我們寶島台灣、中南部某山區的小村落，是我們現實生活中真實的一個「桃花源」；讓人欣喜，令人嚮往。而我也實在是壓抑不住興奮的好奇心，一讀完這本書的校稿，就撥電話給加春老師，和他談起這種非常良好的感覺，他也很高興的、因為我有此深刻貼近的感受，於是在長途電話的那一端，他便爽朗的笑著說出和我同樣的感覺，並透露了他故事中所寫的人文風土，的確是有所本的；那就是他三十多年前剛走出屏東師專時，分發在高雄甲仙鄉山地任教的一所小學的所在，因為他實在是太喜歡那個山區的大自然環境，和那兒淳樸忠厚善良與世無爭的百姓人家，所以懸念不忘，到退休後才有空把它寫出來；他是既欣慰也自信的，認為完成了一生很重要的一件心事。

為了再進一步印證我的讀後感，我又試問作者的「創作理念」，他坦誠告訴我：

子的村落。

《唐村》故事，是寫一群可愛的人，一條神奇的河，一位慈悲的大仙，一個出產美味桃

初執教鞭是在甲仙山地，我沉醉在濃郁的鄉土人情中，離開後始終記掛那裏的人文風景，那是一個桃花源！就用這些為藍本，我寫作唐村故事。

從唐村人的大腳、憨厚的笑臉，我感受到傳統價值的可貴：因為分享所以共榮；因為知足所以常樂；因為信任所以無爭；因為儉樸所以率真。也唯有在唐村的靈氣下，才能培育出如此善解人意、神奇獨特的仙桃。芬芳可口的桃子，無疑為故事添加了更多動人的想像。

神仙傳說最能挑動純真心靈，引導向上向善；蝦蟆在民間也有各種形象，加入這些元素，我期望讓故事更貼近生活。……

的確，讀這部作品時，我始終深切感受到作者語言文字的純熟、優雅，成功的表現了他所要傳達的善念和美意。這部作品的完成，是值得我為作者、為讀者，也為我們台灣整個兒童文學界感到欣慰和慶幸。但有所遺憾的是，加春老師自覺冥冥

中有件巧合，在故事將結束前的一章，他寫〈地牛鬧唐村〉，沒想到他完成這部作品之後的第二年，那兒的好山好水好人家，怎麼那樣的不幸、卻被一場八八水災給沖毀了！我心中也很是納悶：是老天爺太妒嫉了嗎？為何要收回這座人間仙境！

我衷心祈望「再見唐村」；再見福爾摩莎的「唐村」，以及更多台灣兒童文學的「唐村」……

（2010.09.14／17:17研究苑）

目次

目次

桃蹦兒河

桃蹦兒河繞過唐村，村人的吃喝洗淨、莊稼栽種全靠它。這河的水夏天冰涼涼，冬天暖烘烘。水流總是溫柔柔的，既不會嘩拉拉，發起大水嚇人；也不會滴滴答答，叫人擔心乾涸缺水。桃蹦兒河啊，脾氣好得很。

「咱們唐村最有福氣了，得著這麼條寶貝河。」村裡的人都說，一代一代都知曉這河的好。

為啥叫桃蹦兒河呢？這要說遠了。

不知哪一代祖先種了一株桃樹，天天大老遠挑水來澆。盼到一顆顆桃子飽實亮紅、熟透了，才要摘來吃，卻一個個掉下地，咚咚咚彈啊跳啊，不知蹦到哪兒去，一個也沒剩。

掉下來應該就爛了吧？可也沒有見到爛果、桃核兒。那位祖先看著桃子蹦啊跳啊不見了，醒過神要去追已沒線索。想到先前挑水澆樹的辛苦，他忍不住唉聲嘆氣，嘰哩哇啦訴了一堆苦。

他的自言自語可能是土地爺聽去了，也或者是哪位神仙路過聽明白了，那棵桃樹邊就有水流過來，從此不用挑擔舀水來澆，大家也陸續搬來這水邊落戶開墾，唐村就這麼形成了。

只不過，這桃樹每年結實纍纍，全都蹦跳咚咚的落進河裡不見了。村人去找去撈，連個桃核兒也沒有；拿網子在樹下等，那些桃子偏就會歪斜斜的，避開網子飛進河裡去！「桃蹦兒河」就是這麼叫開的。

狗子、小三和阿楞從小聽這些傳說長大，但就是不信。

「河總有個源頭吧。」狗子踮起腳張望。河上游在另一座林子裡，該去探探。

小三嘴饞，看著桃子流口水：「一定有法子可以留住桃兒。」把桃樹包起來肯定有效！

阿楞想的不是這個，「除了咱們唐村，還有哪個村子用桃蹦兒河的水？他們管這水叫什麼？」

三個人念頭不同，興致卻一樣高。「試試吧！」三對眼睛互相看看，點點頭，說做就做。

狗子和阿楞把家裡的床單拿來圍住桃樹，小三親手把桃子一個個用布巾包好，綁在枝條上。數一數，總共十個桃子，全被床單連桃帶樹圍起來。

狗子帶頭，三人又一起去上游的林子。沿著河走，不費事的就踏入那片雜樹林，河水是從一棵不起眼的瘦楊樹根冒出來的。

蹲下身，手指掏一掏，狗子以為能挖出個大洞，卻也沒，土石硬梆梆的，水就是那麼一小股，沒脾氣的流。

奇了，這棵楊樹會長水不成？狗子推推楊樹，瘦巴巴的樹身嗶嗶顫抖，掉了幾片葉子，樹根竟沒半點鬆動。

「來，一起上。」三人六掌貼到樹身使勁推去，嘩，楊樹倒了，根還在土裡，竟是被他們折斷了。

水，仍舊從楊樹根冒出來，一小股細細的流，流向林子外，流往唐村去。

「欸，先回去吧，下次記得帶鋤頭來。」

三個小夥子折回唐村，又順著桃蹦兒河往下游走。

河水細細悠悠，流出唐村後彎彎拐拐，在一片荒地上消失了。

「會不會又從哪兒冒出來？」阿楞帶頭走過荒地，找了好久也沒見到水流。

趴在地上聽，沒聲響；挖一挖，泥土沙子乾燥不帶潮。怎麼桃蹦兒河說沒就沒了呢？

這河水，是神奇還是古怪呀？憋著一肚子疑問，三人回到村子桃樹邊。

打開床單和布巾，嘿，居然是空的，桃子不見了！

他們剛要開口叫嚷，河水突然說話了。

「別嚷別嚷，莫去驚嚇大夥兒。」水裡坐起一隻大蝦蟆，足足一人高，鼓著肚子說人話。

「咦，您是哪位大仙？」小三膽子大些，搶著問。

蝦蟆張口噴出水，搖搖手說：「安靜聽我說。這棵桃樹是由一顆蟠桃的核長成的，算是仙樹。當初王母娘娘請賓客吃蟠桃，不知道誰隨意把桃核兒往凡間扔下，

被你們祖先撿到種栽成樹。但這桃樹仙氣還在，娘娘不忍它受苦，派我來守護，負責澆水看管，別讓桃子被吃了。」

阿楞和狗子嚇一跳，想不到村子裡會有仙樹。小三偷偷吞口水，唉，神仙寶貝的東西竟然吃不到，可惜呀可惜。

「凡人吃了這桃子有害無益，昏睡百年，誤人誤己。無知的還說這是延年益壽，實在愚蠢。」蝦蟆嘆口氣：「可惜呀可惜，這棵仙樹被你們的布巾床單包住，碰到凡物，仙氣全無，變成普通桃樹，以後你們可以放心吃桃了。」

「至於這河水嘛，本來是我澆樹用的，多少也帶點神氣，就留給你們村子用吧。但若不知愛惜，弄得它神氣消散，可就沒有好處了。」

三人傻愣愣聽蛤蟆一口氣說完，如夢大醒。想到那棵被折斷的瘦楊樹，狗子慌忙問：「那……那楊……楊樹……」

「你們設法把它種活了吧，萬物都要愛惜，別胡來呀。」蝦蟆仰天一躺，飛起幾顆水珠往桃樹上噴。咦，先前消失的十顆桃子又都好端端掛在枝頭。

三個小夥子驚疑的往水裡找，蝦蟆早不見啦！

這麼件大事，狗子三人比手畫腳，費了好半天唇舌才說得村人都明白了。總之，可以吃到桃子是件美事。河水嘛，是唐村的寶，自然得照管好。

大家都叮嚀子孫，別弄髒水也別浪費水，誰都可以用，千萬別霸著桃蹦兒河鬧出糾紛來。

盯著桃子吞口水的小三鼓起勇氣問：「那……桃子該誰吃呢？」

哎呀，這可又難倒一整村的人了！

蝦蟆大仙

唐村的桃子出了名的好吃、甜、多汁、爽脆不割嘴舌。還有，香得沒法形容！好吃的桃子給唐村人添了好收入。除了桃蹦兒河，桃子也是唐村的寶。

這桃有個名字，叫「蝦蟆仙桃」。聽說老祖先們受了位蝦蟆大仙的指點，種了這麼一片繞村子的桃樹林，連那條全村子仰賴過活的桃蹦兒河，都是蝦蟆大仙的賞賜。

村子裡最年長的楞子老爹清楚這件事，但他老了，講起從前的事總得想很久，還說得斷斷續續，叫人聽得發急。

「呀，那是我爺爺時候的事啦。本來只有一棵桃樹，蝦蟆大仙說那是王母娘娘的蟠桃，凡人吃不得呀。」

「我爺爺皮呀，跟幾個小夥子要摘桃吃，倒把那桃樹的仙氣弄渾了，散啦。」

「桃子一共十顆，當時講好，先給最年長的十戶人家各一個，吃了再種下桃核，結的果實又分給其他每戶，桃核兒再拿去種。」

楞子老爹停下來清喉嚨，聽故事的阿福眼珠兒轉一圈：「哇，咱們唐村現在有五十多戶人家，可這桃樹都有百來棵啦。」

「沒錯，沒錯。」楞子老爹笑呵呵：「越種越多，桃子賣好價錢，咱們賺錢哪。」

這行嗎？阿祥歪著腦袋想：「咱們好吃的桃子被買去，人家也把桃核兒拿去種，那怎麼辦？」

一夥聽故事的孩子們被提醒了，「對呀，那以後誰還買咱們的桃呢？」

「喔，這呀，」老爹擺擺手：「甭擔心，早試過啦。」

早年楞子老爹還是小夥子，種田之外也去幫附近村子做粗活，三五年下來，幾個村子都混熟了。有一年夏天發大水，把附近幾村子田裡莊稼都泡爛了，唐村還好，大水進了桃蹦兒河全消聲匿形不吭聲。也幸好那年桃子結得多，村子裡長輩說啦：都摘了去給鄰村治飢渴吧！

幾大籮筐的桃子暫時解了百來人的餓火。他們也學唐村的人留下桃核兒，等大水退了後種下地。不知啥原因，種活的沒幾棵，結的果實小得不像話。「我把那些村子繞遍了，找不到像咱唐村這種桃子。」老爹拍拍腿。

有人說是澆的水不對，應該用桃蹦兒河的水澆種，於是就辛苦巴巴的來挑水。忙了一整年過去，桃子還就是那麼小個兒，他們也不關心了，讓那些桃樹就杵在那兒，開花長葉都沒人管，現在全沒了。

想來想去，大家都說是蝦蟆大仙的關係，唐村才有這麼好吃的桃子，「蝦蟆仙桃」就這樣叫開來啦。

「蝦蟆大仙長什麼樣子？」阿福追著問：「有誰見過嗎？」孩子們睜亮了眼，急著想知道。楞子老爹撓撓下巴：「我爺爺見過，說是一隻像人大的蝦蟆，會吐水，會說話，說來就來，說不見就不見。」

像人大的蝦蟆！阿祥看著楞子老爹，像他這麼大嗎？會不會變小一點呢？像齊天大聖那樣忽大忽小，多有趣呀。

村子裡的蝦蟆都小小的。阿祥找好幾天，跟蝦蟆玩熟了，見著一隻就喊聲「蝦蟆大仙」，「大仙好」。再更熟悉後，他連蝦蟆背上的疙瘩都分得清楚，開始沒分

寸的亂喊：「你是什麼大仙？」「去，叫你們蝦蟆大仙來！」小蝦蟆嚇得四下跳竄，阿祥又嚷：「哈哈，蝦蟆逃了，蝦蟆先逃啦。」

幾個孩子覺得好玩，也跟著大膽起來，「蝦蟆蝦蟆滿地爬，見錢就抓，見水就哈。」自編些胡鬧的詞兒捉弄小蝦蟆。還把蝦蟆泡在水裡，鬧得不像話。

蝦蟆在桃蹦兒河裡撲啊蹭啊，想跳上岸，孩子們哈哈笑，又把上岸的蝦蟆丟回水裡。

正當阿祥拍手踏腳張嘴笑時，咦，怎麼有水灌進他嘴裡？剛要轉頭看，哎哎，怎麼自己居然就在河水裡？岸上桃樹一棵棵，樹下小娃兒一個個，卻都站得跟樹一般直挺挺。阿祥吃大驚，又喝下幾口水，眼裡瞄到旁邊也有幾個身體，都劈劈啪啪踢啊扭啊。呀，自己成了蝦蟆，桃蹦兒河變成一大片水塘！阿祥心一慌，咕嘟咕嘟猛喝水，腳沒地踩，手沒處抓，眼睛睜不開，鼻子吸水嗆翻了，連「救命」都喊不出來。小魂悠悠飄飄時，見到一隻大蝦蟆盤腿坐在河中央，雙手按在肚皮上，口中噴出好高的水柱。

大蝦蟆問阿祥：「你找蝦蟆大仙做什麼？」順便伸手就來按阿祥的肚皮。「哈」「哈」，阿祥像笑又像咳，居然也從口中噴出水來。

大蝦蟆按著阿祥的肚皮又說：「蝦蟆咬錢給你，好不好？」

「好」「好」，又一道水柱從阿祥嘴裡噴出來。

大蝦蟆沒放手，還是按著阿祥肚皮說：「我用這河水種桃子，讓你們唐村賺大錢，要是不知愛物護生，隨便作賤生靈，桃子跟水就通通收回！」

阿祥急了大喊：「蝦蟆大仙！」「蝦蟆大仙！」沒喊完，大蝦蟆不見了。

「蝦蟆大仙」「蝦蟆大仙」，一堆叫喊招回了阿祥的魂。定神看，自己在岸上，旁邊玩伴們眼睛發直，不知瞪著什麼使勁喊，河裡的小蝦蟆坐在水中，像極剛才見到的仙大爺！

渾身濕透的阿祥發抖著，趕忙雙手捧起小蝦蟆放回岸上，不停磕頭。十幾隻蝦蟆跳跳撲撲，朝桃樹腳下鑽。

這群鬧過頭的小娃兒事後說，他們的魂都跑到小蝦蟆身上，差點淹死在桃蹦兒河裡。老輩人懂事，曉得孩兒們惹惱大仙，幸好只給一點教訓，全村人齊聚到桃樹下，向河水叩頭，感謝蝦蟆大仙開恩。

從此，唐村人用水、摘桃，都恭恭敬敬，待人說話老實客氣，生意買賣規規矩矩，不耍頑皮鬧心機。他們說：「蝦蟆大仙看著呢！」

員外賣桃

唐村的桃子好吃得沒話說，更奇的是，吃過後口中香味久久不散。

這桃子原本只有唐村人吃，機緣巧合，被個員外嚐到了。

員外姓朱。他帶著僮僕出外遊玩，奇花異果看遍，山珍海味吃盡，逍遙舒適慣了，不意在一處山區遇見盜匪，搶去身上財物。逃命慌亂下竟跟家僕走散，一個人跌跌撞撞跑出山腳，沒了方向，落魄到捧野溝裡的水喝。

員外看著荒郊野外，日頭漸漸偏西，愁惱不知去哪裡找棲宿。真巧，山路那頭出現條人影，有個壯漢戴斗笠，赤腳挑擔趕路過來了。

「請問大哥，這裡最近的人家往哪邊走？」朱員外迎向前問。

「啊，大爺好，我叫楞子。」壯漢停下腳，客客氣氣說：「附近有個陳莊，我也要去那裡，我帶大爺去。」

楞子也不問人家姓啥做啥，只老實體貼的放慢腳步，領著朱員外走到陳莊。

莊頭上，楞子停住腳，從擔子裡拿出兩顆桃子送給朱員外：「大爺，再走進去就有飯館可以休息，這是我們唐村產的，請您嚐嚐。我還要到別處去，先走了。」

平日騎馬乘轎的朱員外，這一路走得腰疼腿酸，早已飢腸轆轆，接過桃子就張口啃，也忘了道謝。吃完後滿口香甜，肚子不餓了，腿有力了，腰挺直啦，精神大振。他咂咂嘴，忍不住說：「好桃！」才發現人家早走得不見身影。

他身上摸摸，沒啥值錢東西。天黑了，只好進莊裡找到飯館，跟掌櫃老實說了，求住一晚。掌櫃知道人出門在外總會遇到些狀況，也不為難，給了個小房間，送來茶水，讓他歇宿。

朱員外倒頭睡到掌櫃敲門才醒。門外站著的，除了掌櫃還有他的管家，特地來找尋主人。「老爺您沒事吧？」

「沒事沒事，幸好遇到貴人。」朱員外一開口就有桃子香，他想起楞子，向掌櫃謝過後順口問起唐村和楞子。

「唐村離我們還遠，楞子倒是認得，農閒的時候他會到附近村子打零工。」

付過錢，主僕回到家，員外找來長工阿才，吩咐他：「去唐村跟他們買桃子，有多少買多少。」

阿才出門三天，帶回一大簍桃子。員外拿起來嚐，味道全不對！他沉下臉啥也沒說，轉身進書房跟帳房先生嘀咕一陣，帳房隨後也出門去，隔了一週才出現，小心翼翼提著布包裹。

員外鼻子尖，聞出端倪，眼睛亮起來：「你找到了！」帳房打開布包，香氣立刻飄滿屋內。十顆桃子拳頭大，粉裡透紅又掛著點綠青。員外拿起一個嚐，「是了，就是這好滋味。」他請帳房也吃一個，帳房忙搖手：「這桃很珍貴，不容易買呢。」跟著說出他的遭遇：

唐村外有一條小河，河邊種了整排桃樹，村子就在桃樹林邊。村子裡大概幾十戶人家，每戶都收拾得整整齊齊、乾乾淨淨。繞村子走一圈竟沒見到人，走到桃樹下聽到腳邊有嘓嘓聲，低頭瞧是隻小蝦蟆，我這麼一看，牠居然就開口了：「你來做什麼？」粗粗的嘓嘓聲變成人話，我嚇了一大跳。

「我家主人要我來買桃子，順便跟楞子道謝。」

「唐村的桃子專為救人活命。你回去告訴朱員外，我送他桃子吃，若知道回報，以後多多買唐村桃子去救濟人，別自己享用。」

那隻蝦蟆說完，嘴裡噴出條細細高高的水柱，水噴完蝦蟆也不見了。

這好像是作夢，卻只有眨眼的時間。我再轉回村子，這次有人從屋後走出來了，看到我，客客氣氣的招呼：「大爺好，歡迎來咱們唐村。」我說明來意後他們很詫異：「楞子這陣子打工，沒說去陳莊也沒提這事。桃子是有，大爺甭客氣，請貴客嚐嚐是應該的，不用買。」他們請我喝茶吃飯，還把家裡有的十顆桃子全送給我：「樹上的果子沒熟透，不敢摘給大爺，只有這麼十顆，大爺請收下。」

離開村子時遇到個壯丁，方臉高個，戴斗笠打赤腳，村人說他就是楞子，我忙向他道謝。可是楞子搖搖手：「大爺，您家主人也許聽錯了，我不記得有這回事呀，而且我這陣子都在另一頭的栳葉村工作，沒經過陳莊。」

「看起來老爺是遇到神仙了！」帳房先生說完清清喉嚨：「若照神仙的意思，老爺，這桃子要做善事才好。」

朱員外點點頭，心裡有了計較。他邀來九個有錢朋友，言明請他們出高價買「仙桃」，一人只能買一顆，錢全部拿去濟貧。幾個大爺吃了桃子，滿口香氣，心裡說不出的舒暢歡喜，便又要求再買。「果然是仙品！老朱，我出雙倍錢買十個。」「十個算什麼？我買二十個！」「我訂一箱！」……

唐村桃子靠著朱員外「濟貧義賣」的方式，聲名大噪，反而唐村人苦惱了：該不該把桃子賣給人呀？價錢該怎麼定呢？

第一筆買賣

生命跟著時間成長，小樹苗會變成大棟樑，人嘛，再怎麼粗壯結實，也會髮白臉皺，慢慢老去。

唐村的楞子當年身強力壯，一人抵過三人，隨著幾十年日頭曬過，現在變成楞子老爹，歇手啦，留在村裡管事。小娃兒們愛聽故事，纏著老爹央求講古。

「講咱們唐村的故事。」胖小福總是最先開口。

「說蝦蟆仙桃的事。」阿祥興沖沖說，他最愛吃桃子了。

楞子老爹搔搔頭：「咱們的桃子，說是買賣交易，不如說是結緣助人，故事多著哩！」

老爹的話慢悠悠，他邊想邊說：

唐村老長輩討論好久才決定，桃子可以賣，但絕不開價，由買方自己說個價錢。

朱員外的帳房沒學過這種生意經，聽得發傻。

「萬一有人存心佔你們便宜呢？」他問。

「沒關係。」接待帳房的正是楞子。唐村人不會做生意，只知道本分規矩的做人。好吃的桃子本來就該跟眾人分享，出多少價錢都行，唯一條件就是，桃子夠熟了才能賣，有多少賣多少，也沒法子先訂。

「不能先訂數量嗎？」帳房有點意外。

楞子雙手一攤：「就是這個難處。」原來唐村的桃子結在樹上，看似熟了，用手摘，若輕輕碰就落下，那是熟透可吃了；若要用力拉扯，是外熟內生，吃不得，即便硬摘下來也會爛去。「這桃子啊，有脾氣的。」楞子解釋。

那就留在樹上，等熟透了再摘，數量多少總是可以先確定吧。

「試過了，行不通。」楞子搖手：「有的桃子留在樹上，過了一年還是不能摘，沒法預定。」

帳房先前遇過唐村蝦蟆說人話，心裡明白，這桃子定是神奇，要有緣人才買得吃得。可巧，他這趟來，也算是跟唐村桃子化緣哩。

楞子請帳房來到桃樹林。「大爺，您只要對著桃樹，把意思說清楚就行。我去準備籮筐。」楞子說完就走，分明是不想知道人家說了些啥。

帳房頭一回碰到這種交易，又是感動又是新奇，朝桃樹鞠個躬，朗聲說道：「朱員外打算用唐村的桃子義賣濟貧，總共需要一百個桃子，可換百兩銀子，全部買米糧發送給張縣的貧戶災戶，不足的錢額都由朱員外負擔。」說完又鞠躬。

帶了籮筐的楞子，身後跟來五六位村民要幫忙摘桃子。帳房問：「我可以試試嗎？」村人笑了：「歡迎，歡迎。」

看準枝頭一顆紅通通拳頭大的桃子，帳房伸出手。才碰到它，桃子就落入掌心，帳房驚喜不已。再去碰另一顆粉嫩嫩的大桃子，咦，竟摘不下來。帳房心頭一驚：「啊，失禮失禮。」忙放開手，彎腰道歉，也不敢再試，就在一旁等候。

這邊，楞子幾人手腳俐落，已摘滿兩大籮筐。「大爺，您點數一下，秤桿在這兒。」楞子招呼他。

帳房雙手直搖，搖得像蒲扇：「不用，不用。這是我家主人辦理義賣濟貧，只要一百個，這些，太多了！」

村人也搖手，搖得桃樹笑呵呵：「沒關係，沒關係。摘得下來那就是緣分，您家主人心腸好，多吃幾個應該的。」

帳房謝了又謝。楞子戴上斗笠，扁擔一挑：「我給大爺挑過去吧。」

臨走，帳房朝桃樹林鞠躬。身子直起來後，先前那顆粉嫩嫩大桃子竟垂在他面前。「啊！」帳房下意識雙手來捧，那桃子居然就跌落帳房手裡。才這麼盞茶工夫，它就熟透啦？

「籮筐擺不下了，就請大爺拿著吧，跟您有緣哩。」村人笑嘻嘻，說得帳房好感激。

楞子挑擔跟著帳房來到僱請的騾車旁。兩大籮筐的桃子不輕哩，車伕抬得哇哇叫。送走帳房，楞子轉回村裡，背後突然有人問：「我可以買桃子嗎？」

是個十一二歲小男孩，緊張的望著楞子：「我可以買桃子嗎？我有一文錢，可以嗎？」

附近村子沒看過這臉孔，應該是更遠處庄子裡的人。楞子笑嘻嘻：

「小哥請跟我來。」

這孩子邊走邊說：「一文錢夠買一個嗎？只要小的就行了。」

剛才已經把熟透能摘的都摘下給帳房了，楞子沒把握還有沒有桃子可賣，但村子裡問問，總會有誰家能送一兩個給這孩子的。「您別擔心。」楞子的憨笑讓孩子定下神，快步緊跟著。

桃樹底下，孩子仰著頭看桃子：「桃子桃子，我有一文錢，想買桃子給我娘吃，她十來天吃不下東西了，只說想吃桃子。」攤開手，污黑的手心裡是一枚小錢，他低下頭：「桃樹爺，我叫阿普，請給我一顆桃子好嗎？小顆的就好了。」

他合起手，竟朝桃樹拜起來了！

楞子趕忙招呼他：「小哥，咱們一道試試，若摘得下來就賣給你，只是請您別使蠻力硬拔，桃子要輕輕碰，它們有脾氣的。」

阿普點點頭，學楞子小心摸桃子。他個頭矮小，高枝上的桃子搆不著，低枝上小桃子只有五六個，阿普全摸過了，沒一個摘得下。

「桃樹爺，請您行行好！」阿普心裡剛這麼想，耳邊聽到細細的聲音：「來摘我呀，來摘我呀。」哪邊發出的呢？阿普四下看，細細的聲音又說了：「在你頭上，在你頭上。」抬起頭，唷，一顆大桃子青青綠綠，沒有風竟也蕩呀點呀，在枝上晃。

阿普伸手踮腳還是搆不著，他急了，跳起來想攀住桃枝，沒拉到，反而跌了跤，一屁股坐在地上。

「嘓嘓嘓，嘓嘓嘓。」一隻蝦蟆朝他叫。阿普嚇一跳，壓到蝦蟆了嗎？

「你有沒有怎樣？」阿普問蝦蟆。

「你有沒有怎樣？」楞子趕過來，問阿普。

搖搖頭站起身，阿普指著那顆青綠大桃子：「我想試試……」

「來」，楞子一彎身，攔腰抱起阿普高高舉：「你摘摘看。」

阿普伸手出去，摸著了大桃子。那桃在他手指尖彈兩下，掉了，阿普沒抓牢，桃子跌落地。

糟糕！

楞子趕忙把阿普輕輕放下地，兩人同時去看那桃子。

「對不起！」阿普懊喪得訥訥吶吶，直到楞子提醒，他才伸手拿桃子。唉，莫怪，那桃子比他的手大多啦，又重，要兩手合握才拿得起來。

桃子幸好沒爛沒破，可是，剛剛那隻蝦蟆肚皮朝上，扁成了蝦蟆乾，躺在桃子底下。

桃子沒壞，卻壓壞了蝦蟆。

哎呀，這更糟！

阿普扁著嘴，忍住淚，朝蝦蟆拼命點頭彎腰對不起。

楞子拉他：「這不能怪你，別難過。」

把桃子小心抱好，阿普正要付錢，才發現握在手心裡的那枚小銅板不見了。

哎呀呀，這更是糟糕透啦！

阿普開始噗簌噗簌掉眼淚，掉在腳上、地上、蝦蟆乾的肚皮上。

「嗚嗚」的哭聲裡突然有「嘓嘓」的叫聲。楞子拍拍阿普：「別哭別哭，瞧，蝦蟆好好的哩。」

是嗎？阿普抹去淚水，正好看見蝦蟆翻過身，跳到桃樹下。褐花花的背上貼著一塊髒髒的污漬，咦，不就是他那個小銅板嗎？

「我的錢……」阿普指著蝦蟆說。楞子也見到啦，安慰他：「沒關係，就當作你付錢給桃樹爺了。」

才說完，楞子就愣住了。有個問題：賣桃子的錢該給誰收理呢？像這樣放在桃樹下，行嗎？

總之，唐村蝦蟆仙桃第一筆正式買賣的進帳，就在阿普的眼淚和笑容當中，由蝦蟆爺點收送給桃樹保管了。

阿普捧著大桃子歡歡喜喜要回家，楞子先帶他進村子，到屋裡喝水吃東西後，再陪他走到竹子腳庄頭。

「竹子腳庄的阿普，那不是我外公嗎？」聽故事的阿祥瞪大眼睛問。

「是啊，你外祖婆愛吃桃，乾脆就把孫女嫁到唐村來啦。」楞子老爹一笑，滿臉皺紋動了起來，像桃蹦兒河的水，細細流。

哇呀，楞子老爹到底幾歲了？會比阿祥的外公還要老！

找不到唐村

駕騾車的老柴送貨去陳莊，特地彎進唐村來。有兩個大籮筐要還給楞子。

「你們曉得吧，朱員外救濟災民花不少銀子咧，他真捨得。」老柴走慣江湖，到哪兒都有一堆鮮事可以開講。

「朱員外家那個長工，你們曉得吧。」老柴餵騾子吃草料，自己蹲在車子旁跟唐村人聊話。「阿才，那個長工，聽說來你們這兒買了一箱桃子回去。」

村人搖搖頭。沒的事，唐村的桃子，除去給帳房先生帶回去義賣的那些，第一筆買賣是跟一位小哥完成的，蝦蟆爺看見啦。

「當然沒那回事。阿才要上唐村來，東繞西拐的就是找不到，他偷懶，隨便往別處買了箱桃子帶回去。朱員外人厚道，也不說穿他，但是這兩個籮筐可沒饒過阿才。」老柴指指他送回來的籮筐。

咦，籮筐怎會跟阿才有過節？不相干的人跟物，怎麼扯上了呢？

老柴還是那句口頭禪：「你們曉得吧。朱員外辦完救災的事，叫阿才把這兩個籮筐送回唐村來。阿才心想，上回沒找到，這回說什麼也要找來唐村。奇怪的是，他老在岔路口上想不起人家是怎麼說的，老走錯方向。阿才不信邪，乾脆把籮筐扔了，自己走回頭。誰知道，路會轉彎，籮筐會走路，不管阿才挑哪條路，籮筐最後總是出現在路頭擋著。嚇破膽的阿才，不知道自己是犯著土地神還是惹惱了什麼仙，只能乖乖帶著籮筐回去見員外。」

「那就不能不提之前買桃子的事囉。」村人聽得有趣，閒閒接了一句。

「嘿，正是。」老柴越說越來勁：「你們曉得吧。阿才把他如何找不到路，又被籮筐整治，連同先前敷衍誑騙，用普通桃子交差的錯，一五一十說了個夠。朱員外也沒多說啥，只那麼一句『你改改脾性吧』，天大不得了的事就風消雲散了。」

「好人！」唐村人一向規矩老實，聽到這樣對性的人，忍不住真心誠意稱讚。

老柴在意的倒不是這個。

「老哥，請教一下。」他問村人：「你們的籮筐有什麼特別？用什麼編的？或者是楞子這兩個籮筐比較神奇，會走路還會整治人？」

頭一次聽見這種話，村人都笑。

籮筐很普通呀，採了山藤、竹條兒，紮繞編結，哪個庄頭不這樣呢？只是楞子人高個兒大，習慣用大點深點的籮筐，就這樣罷了。

問題不在籮筐，難不成是唐村跟阿才有什麼瓜葛，不讓阿才找來！

「沒的事。」唐村人又笑：「咱們村子在這兒好久了，沒聽說哪一代跟人有怨仇；誰人來我們都歡迎。」

儘管老柴說的事唐村人沒一件曉得，他們仍舊熱情招呼老柴，喝茶水用餐飯，周到的送他趕著騾車離去。

老柴找得到唐村，那個長工阿才怎會找不到？

「準定是個路痴。」王奎冷笑連連：「土包子，只合做粗活，給人使喚。管他什麼唐村甜村，王麻子我都有本事找到。」

他臉上坑坑疤疤的，果真一張麻臉。習慣四處遊蕩餐風宿露，專做沒本生意的王奎，聽說了朱員外的萬貫家財，也聽說了仙桃義賣的事。盤算盤算，決定去唐村摘桃子，吃也好賣也行，橫豎不花他一毛錢，而且什麼風險麻煩都沒有。

先前他遇到吃飽喝足的老柴，知道唐村就在直走下去的小河邊上。「約莫半天工夫就到」老柴這麼說。

直走就到！這不就是了，路長在嘴巴上。笨阿才怎會找不到呢？王奎腳邁步，心思轉著。那唐村的桃樹有人看管嗎？沒人守當然最好，隨我要多少摘多少；若是有人在旁邊，可就得弄點把戲支開去。

沒留意間，已經走進一片雜樹林。腳下的路越來越細窄，他原本跟隨的車輪印痕不見了，老柴的騾車不走這兒嗎？

抬頭打量一下，路細細向前伸，通往樹林深處。「逢林莫入！」他想起老江湖說的，停腳回頭看。沒錯啊，直走過來也只有這麼一條路，再走吧。

越走越怪！樹林的模樣都沒變，王麻子起疑了，開始做記號，拿石頭朝樹幹刻劃。又走了好長一段，景色依然相同，他把耳朵貼到地上，沒聽見水流聲。該不會走錯路吧？

覺得不妥就回頭，這是他的習慣。轉身朝來時方向走去，等走到早先的路口，都已經日頭落山天黑啦。

野地過夜常有的事，王麻子倒不怕。背囊裡摸出一個冷饅頭，啃嚼嚥下了，又抽出一條破蓆子鋪開。「土地爺，小的在這兒借宿一晚，請多包涵。」說完倒頭就睡。

043 找不到唐村

夜裡涼爽清晨寒冷，王麻子凍醒來。天濛濛亮，他搓搓手踢踢腳，腦筋也動著：昨天那條路行不通，再找人問問吧。

「路在樹林外頭，順著樹林直走下去就到。」早起砍柴的樵夫說。

王奎走到日頭偏西了，才見到一條河，細細靜靜的，五六個大步就能跨過，沒半點兒水聲，躺在地上睡著了似的。是這條河嗎？

叫水溝還比較像！王奎冷哼一聲。

往水對邊看，是有片桃樹林結著桃子，卻瞧不出什麼特別，用力抽抽鼻子也沒聞到什麼香味。傳言恐怕都誇大了，商人做買賣哪個不耍心機，朱員外把桃子說得像神仙，八成也是騙人的！

想到自己居然傻瓜到走上幾日夜，不覺有氣。王麻子衣袖捲上來，褲腳一提就要過河摘桃。

仙桃爛桃都不管，他打定主意要摘到半個不剩，嘿嘿，「我索性連桃樹都砍了，省得它再欺世盜名。」

心念剛起，腳底下河水突然洶湧澎湃，站都站不穩。左右看看，哎呀，這河說變就變，已經變成大江大湖了，瞧不到岸邊，水面茫茫滔滔，分不清東西南北。怪哉！

王麻子儘管驚嚇，還能勉強划動身體。邊游邊回想，覺得事有蹊蹺，肯定跟桃子有關，莫非真的是仙桃！

「哈，那就不枉我走這一趟了。」才這樣想，他「砰」的摔在地上，趴成個狗吃屎。爬起來看，哪有什麼江啊湖啊，自己就站在那條水溝邊，卻怎會全身溼淋淋的？就著最後一點天光，王麻子抬頭打量對面桃樹。

奇啦！

他跳起來，瘋子樣到處轉，衝衝撞撞的。

桃樹林不見了，細細靜靜的河不見了，這是哪裡？

天黑得不見五指，王麻子定定神，「別慌，別慌。」發現不妥就回頭，可是腳哆嗦著，走不動了，他癱在地上，乾脆閉起眼睛。睡吧，一切等天亮再說。

迷糊間，聽見旁邊有聲音。「大仙何不教訓他幾句。」「這人心術不正，是該教訓教訓。」「唐村的桃子千萬不能給這種人吃。」「就讓他找不到唐村吧。」「應該多給他苦頭嚐嚐。」「把桃子種進他肚裡，免得他來砍桃樹。」

使勁睜開眼睛。哇，月光亮晃晃照著，真的是有人蹲在他旁邊！

王奎定睛細細看，什麼「人」！是好幾隻大蝦蟆，人一般坐著，全對著他「嘓嘓」「嘓嘓」叫，他居然也聽得懂！再看自己，也是隻蝦蟆！

這一嚇，王奎跳得老高，完全醒了。四周黑漆漆，沒有月亮，沒有大蝦蟆，他摸到自己的手腳身體，幸好，還是個人！

「嘓嘓」「嘓嘓」，蝦蟆仍然叫著，彷彿在罵他。王奎呆呆看著天上，星星擠眉弄眼的，也在嘲笑他哩。

見多識廣的王麻子，跟長工阿才一樣土包，找不到唐村還迷了路。

胖子瘦子吃桃子

胖胖阿吉和瘦瘦阿卜走在楞子後頭，喘噓噓的。

他們都是修造房屋的師傅。前幾天，阿吉阿卜和楞子，為黃崗子山下的趙老爹修房子，掀去屋頂換樑桁，再架上木頭搭出一間閣樓，然後才鋪上遮頂竹棚茅草。做活時，阿吉羨慕楞子手腳俐落，上樑下地輕如燕。阿卜讚嘆楞子大力神，舉杉木像拿筷子。

嘖嘖，這款好體材，這種蠻力氣，跟唐村的仙桃一定有關係。

房子修好，領了工錢，這兩人就走在楞子後頭。他們要跟去唐村，看看桃子，買桃子嚐嚐。

「我想瘦下來！」阿吉說。「我要多長肉。」阿卜說。

吃了蝦蟆仙桃就能改變胖跟瘦嗎？楞子很懷疑。可是阿吉和阿卜都堅持：「只要是仙桃，那就有用。」「讓我試試就知道。」

想吃桃子嗎？沒問題；要到唐村玩？也歡迎。楞子於是帶路走往唐村。

只不過，離開黃崗子沒多遠，栳葉村都未出現，阿吉阿卜就唉唉叫了。

「走慢點吧，這麼樣趕路，吃不消哩。」阿吉一身肉，顫危危、垂墜墜，提得好辛苦。

半截細竹竿樣的阿卜，腿短步小，楞子腳一跨，他得跑兩步才追得上，也撐不久。「哇，比做工還累。」

這可傷腦筋！天黑前要到唐村得趕路才行。楞子乾脆架好扁擔，請阿吉阿卜坐在大籮筐裡。「我挑著你們走吧。」

楞子的籮筐大又深，兩人蹲在裡面倒也從容。扁擔一上一下，籮筐一搖一晃，像鞦韆也像搖籃，他倆起先還跟楞子一前一後說笑，聲音漸漸小了，歇了，慢慢竟睡著了。楞子也不叫他們，挑著擔子專心趕路。

籮筐裡的阿吉，聽到蝦蟆嘓嘓叫，睜眼去找，有隻小蝦蟆蹲在他膝蓋噗噗跳。

「學我，學我。」小蝦蟆對著他說話：「自己走才能減肥肉，用腳走，用腳走，仙桃吃了效用才會有；想要瘦，就要自己用腳走。」

阿卜也聽到嘓嘓的蝦蟆叫：「下來走，下來走，多走多動胃口開；多走多動力氣來；多走走，多動動，不怕瘦也不怕矮。」

看見蝦蟆又聽見嘓嘓聲裡的說話，阿吉跟阿卜同時「啊呀」叫出聲，手腳一掙，醒了，也把籮筐打翻了。楞子被扯得踉踉蹌蹌，腳步打結，差些兒跌倒。

籮筐裡外翻來找去，沒見到蝦蟆，但這兩人說什麼也不坐籮筐了，堅持自己走路。

前面繞過竹子腳庄，很快就見到桃蹦兒河。楞子每次回唐村，只要見到桃蹦兒河，用河水洗洗臉，精神就來了。

阿吉垮著肚子，阿卜拖著腳，累歪歪的。看楞子在河邊停下腳，不約而同鬆口氣，謝天謝地，總算可以歇會兒啦。

「抹個臉吧，這水挺好的。」楞子蹲下身捧起一抔水，喝掉大半，再用剩的把臉抹一遍。他恭恭敬敬用那一抔水，看得阿卜很好奇。

「這水有什麼好？」阿卜學楞子，喝了抹了之後，看手還溼潮，撩起褲管就在腳上擦。

「跟別的河水差不多味兒嘛。」阿吉喝完一抔水，沒擦臉，他掀衣服拍拍肚皮。

楞子笑起來。桃蹦兒河是寶啊！唐村人都知道，可是跟外地人卻說不清楚。「這水，沒有脾氣。」他只會這麼說。沒有脾氣的人好相處，河水也是。

再上路，沿著河走。楞子腳步更大，阿吉阿卜照樣追不上。阿吉拍拍肚腩：「爭氣點啊！」阿卜捶捶腿：「加把勁吧！」兩人跟在楞子後頭，竟然氣不喘肉不顫腿不酸了，只有阿吉臉上淌汗，滴油似的下雨般的，溼透身上衣。

「剛才應該抹把臉。」阿吉忍不住想。

「流汗好，流汗好。」

好什麼呀？一臉油膩溼黏，啥好？

「流汗好，流汗好，流汗讓你肚皮消。」

阿吉摸摸肚皮，真的，不垂不墜，肚子小了！他嚇一跳，耳朵裡蝦蟆的嘓嘓叫聲，怎麼會跟他心意相通呢？

不敢再多想，他專心走路。

河水細細靜靜的，阿卜看著這河，「跟我一樣瘦！」他才這麼嘆口氣，頭頂就結實挨了一下，「咚」，不痛，卻挺響的。「誰打我？」抬頭看，一顆綠綠小果子在枝頭盪。

「這些桃樹在這兒好幾代了，年紀最大的比這條河還老。」楞子放慢腳步邊走邊說。

阿卜盯著頭上那小綠桃。這麼小又青綠綠的，摘不得！

「若輕輕碰就落下，那才是熟透可吃了。千萬不能硬拔硬摘，要不，人吃了會鬧肚疼，桃子也會爛掉。」

嗯，果然跟普通的桃子不一樣。

「這桃子很貴吧？」阿吉問。

「價錢隨意，只要先跟桃樹說清楚就行。」

喔，連賣的方式都跟別處不同。

「那，錢要付給誰呢？」阿卜問。

「這啊，如果有蝦蟆來，交給蝦蟆爺就行了。」

嗄，蝦蟆作掌櫃！這就更特別了。

阿吉先開口：「仙桃仙桃，五分銀子來買桃，讓我胖子變苗條，好也不好？」

「五分銀子不算少，放在樹下不用找，桃子去油減肥讓你樂陶陶。」還是先前耳朵裡的嘓嘓聲，阿吉聽得句句分明，卻想不通，蝦蟆語自己怎麼聽得懂？

另一邊，阿卜也遇到古怪。他才說完：「桃仙桃仙，五分銀子來交換，吃了桃，讓我腿長長、肉團團，換也不換？」頭上就「咚」「咚」響：「五分銀子不好賺，放在樹下莫悔反，桃子增高長胖讓你做壯漢。」

小綠桃敲著他腦殼，每一響就是一句話，打得阿卜腦袋嗡嗡，有股熱氣直通腳心。

他倆把銀子放在桃樹下，伸手就來摘桃。

好像認定阿卜會摘它，小綠桃自動垂到阿卜面前。

「嘿，你太小了。」阿卜伸手去挪開，怎知道手才碰著，小綠桃就掉下來，虧得阿卜一把撈住，沒砸到地上。

別看這桃小小綠綠，竟然軟綿綿透著清香。阿卜忍不住一口咬下，甜甜的汁液先餵飽牙齒，舌頭翻滾在香甜的桃汁裡還不滿足，又貪婪的跟牙齒舔舐索討。這桃子，全化成了蜜汁、香水，沒有果肉；順著喉嚨嚥下的，除了甜，還有香！

「啊——」阿卜快樂的仰頭哈氣，小小一個綠桃吃完，他心裡充滿幸福，全身流竄熱氣，好像每一個毛孔都張開來歡呼，胸口鼓漲著一股勢力，阿卜憋不住了，「霍」大喊出聲，把阿吉嚇得神魂一跳。

「喂，你做啥呀？」阿吉還沒摘到桃子，正盯著高處一顆圓滾滾的紅桃打主意呢。

「哈哈，這桃，好吃！」阿卜喊完不過癮，一股勁道在體內衝，他又把阿吉舉到肩上疊羅漢。「你儘管摘吧。」唷，這豪氣這架勢，倒有些像楞子。

阿吉喊：「左邊一點。」阿卜笑呵呵往左跨，圓圓紅桃即刻滾進阿吉手裡。

「右邊，退後些。」阿卜就退往右後方，另一顆橢圓粉桃隨著也來報到。

胖子阿吉騎坐瘦子阿卜肩上，怎麼看都怪，卻穩當當的。

日頭斜西了，楞子來招呼他倆回家用餐過夜。吃下桃子的阿卜和阿吉，明明不累，見到床卻猛打哈欠，滿嘴桃香薰得他倆眼皮兒垂，早早入睡。

唐村的桃子究竟仙不仙？告訴你，睡醒後，阿卜吹氣樣澎大起來，阿吉消氣樣癟縮下去，楞子還以為他倆換了項上人頭。

到底發生什麼事了？

阿吉說：「一群蝦蟆吵著要我交出桃核兒，往我身上掐呀捏呀，我只覺得酥酥麻麻起雞皮疙瘩，之後，肚臍眼兒蹦出好幾顆桃核，身上的肉一塊塊一團團掉下來，我輕輕鬆鬆睡到醒。」

阿卜搖搖手：「差不多差不多。一群蝦蟆在我腳心戳，逗我笑，拿桃子往我身上丟，桃子黏上身就變成肉，我香香甜甜睡到醒。」

作夢的吧？同屋子裡的楞子一整夜沒聽到笑聲嘓嘓聲。可是看他倆，胖子變瘦了，瘦子長肉了，分明是蝦蟆和仙桃合作，把阿吉阿卜身上的肉給調換過。

這樣的事，很神，也很鮮！

大腳楞子

習慣赤腳趕路的楞子，腳掌特大，加上人高腿長，走起路來神速無比。

小時候，爺爺常帶著他坐在桃樹下說故事。從抱在胳臂彎裡到地上爬，從咿咿呀呀到叫爺爺，他都是光著腳。長又寬的腳板曾爬上桃樹，曾踩進桃蹦兒河裡，這麼做都免不了被爺爺教訓：「別糟蹋好東西啦！」好東西，當然是指桃和河，楞子也聽話，沒再頑皮過。

唐村的小娃兒襁褓時都會受到蝦蟆大仙的保護，楞子也是。

聽說，楞子還是娃兒睡搖籃時，總有蝦蟆跳進來唱嘓嘓聲逗他笑。一回做娘的見到蝦蟆貼在小楞娃兒腳心，蝦蟆肚皮呼嚕呼嚕鼓，小楞娃兒滿頭冒汗，搖籃自動搖啊搖。楞子的娘不敢作聲，朝蝦蟆拜了拜。

會不會他的大腳就是這麼來的呢？能爬會跳又善走，肯定是蝦蟆爺送的。

十幾歲少年兄的楞子，早就是村裡做活的好手，挑擔、砍柴、種田、拉車、養牲口，全都來。他十六歲跟大人學會修屋砌灶架橋的本事後，以為再沒別的要學啦。

「早咧。」他爺爺搖搖手。跟人應對的大學問哪裡學得完！更甭提生活中各種瑣碎事了。

這天，砍柴的順伯和貴叔遇見一個人，渾身溼透，哆嗦著嘴，掉了魂似的嚷：「喔，到處都是水，看不見路。」「喂，這是哪裡？」「嘿，大水來得好快。」聽出他的話腔，順伯問：「大爺，竹子腳庄怎麼了？」

「唷，竹子腳發大水啦。」名叫阿金的這個人邊比畫邊打顫抖，滿臉驚恐：「前一天才奇怪庄裡的蛇都不見了，昨天大水就來了。整個庄都泡水，大家四處逃，都散了。這水也不知從哪兒來，現在庄裡不知變怎樣了……」說著說著，阿金又邁步走：「我要去找人。」「嗯，你們快逃吧，別讓水埋了。」

太陽當頭照，晴天沒雨好日子，哪來的大水？

順伯和貴叔留不住阿金，看他走遠了，兩人半信半疑爬上北邊小山丘查看。果然，竹子腳那頭全是黃濁的泥水，正往山腳這邊流過來哩。

趕回唐村說了這個消息。怕大水真會淹進唐村，又擔心竹子腳人的安危，唐村分一半人手去救人，留老弱婦孺守村子。

楞子腳程快，走在最前頭。剛要朝北邊小山丘爬，貴叔突然吼他：「楞子，回來！」楞子呆一下，這才看見山丘上「轟轟嘩嘩」黃泥大水衝下來，往他頭頂罩蓋。楞子嚇壞了，轉身就跑，跟水比快。

唐村人看得心驚膽寒，不知如何擋那大水，只能拼命喊：「快呀，楞子。」「快呀！」

是很快！楞子的腳步又大又急，像飛像飄也像滑，大水緊追在他後腳跟，只能沒命的衝。直等跑回桃蹦兒河末端那塊荒地，腳底堅硬的泥土才讓楞子定下神。原本喊著「衝啊」「殺啊」的水這時竟然沒聲響了，他忍不住回頭瞄。咦，水呢？怎麼不見了？

停下來看。水還是不斷從山丘流下來，可是漫進荒地後全啞了，乖了，滲進地裡，沒了！地面乾爽硬實，完全看不出它喝下多少水。

謝天謝地，謝桃蹦兒河！唐村人跪下來，拜了又拜。

謝謝蝦蟆大仙！

椤子不停磕頭，心口噗噗噗跳得厲害。這條命，是蝦蟆大仙送的腳給救回來的。順伯吆喝大家：「快找木頭來。」「做梯！」「架橋！」「大水進不了唐村，咱們安心去救人吧！」

沉穩的聲音聽進耳裡像吃了定心丸，明確的目標振奮精神也激發力量，幾十個人立刻動起來。

綁好梯橋架牢後，順伯帶頭攀上山丘。黃濁大水這時停在山腳不再湧漲了，遠處更低的竹子腳庄只露出幾個屋頂，好像池塘裡的一兩片荷葉。

水淹到腰，涉水來到竹子腳庄，屋頂上有人喊：「喂，你們這是哪兒來的？」「嘿，快來救命啊。」

「竹子腳的大爺大娘，我們是唐村人。阿金大爺說這兒發大水，我們特地來幫忙。」順伯邊回答邊告訴大家多砍些竹子，架橋搭高腳棚，貴叔帶幾個人去各家屋裡把人揹出來。

椤子努力砍竹子，又幫著搭竹棚。救出來的人全來到棚架上休息，多半是老人家，還有幾個小孩，人都平安，只是捱餓受驚嚇，命去了半條。

「楞子，你們回咱村裡去，帶水跟吃的來。」順伯找了楞子、大牛、棒子頭和阿篤四個小伙子派工作。

留在唐村的老人家們早知道要補給，已經準備得差不多啦。烙好餅，炊熟芋頭，採了蓮藕，只等著放進籮筐。還有一個又一個鼓凸飽滿的囊袋，楞子沒見過：「這是啥呀？」

「水。」爺爺告訴楞子：「挑去，交給你順伯發落。」

八個籮筐給塞得緊實，堆得老高，用繩子紮牢。四個小夥子挑起來，扁擔彎成了弓，重得咧！

阿篤個兒矮些，走得很吃力，看到小山丘，洩了氣，喊：「前面水停兒山休息休息吧。」

楞子安慰他：「你慢慢走，讓氣緩一緩。」

大牛沒問題，走在楞子後邊；棒子頭不敢吭聲，憋住氣勉強跟上。

翻過山丘，楞子、大牛放下籮筐，回頭來接應。大牛替下棒子頭的肩，楞子去挑阿篤的擔。

四個人八個籮筐到齊後，他們改用扛的，還是楞子領頭。拍膝蓋的黃濁污水淹不到肩上的籮筐，卻苦了踩爛泥的腳和負重的腰和背。等籮筐放上竹棚，阿篤臉色發青，棒子頭雙腿抖著，沒法兒再一趟了。

「還有四個籮筐。」楞子跟順伯說：「放在水停兒山腳，找誰跟我去扛呢？」

「大牛也歇歇吧。」順伯派人手，喊了三個後又問楞子：「你還行嗎？」

抬抬腳扭扭腰，轉轉脖子彎彎胳臂，「行！」楞子說得響亮大聲。

儘管已經跑了好幾趟，這回扛籮筐楞子依舊快步在前。他的腳只要踩到土地就覺得舒坦踏實，每一步都走得輕快有勁，他喜歡這樣的感覺。尤其光腳丫觸到泥土砂子時，腳底發熱流向全身，各處筋骨關節都活絡起來，力量好像用不完！

歇工啦。順伯招呼兩村庄的人都上竹棚休息。手腳一停下來，大家才覺得癱軟，聽見肚子裡咕嚕咕嚕叫。

脆甜的鮮藕配上烙餅芋頭，嚼得滿口香，每個人嘖嘖咂咂，把擔憂疲倦都咬稀爛，和在食物裡吞下肚。桃蹦兒河的水喝入口，沁涼直通到脾胃，不渴也不累了，心頭一片清朗。竹子腳的老人家忍不住稱讚：「唷，好吃！好喝！」

嘴裡還嚼著食物的人全都點頭，留意舌尖喉底的每一點滋味，慢慢嚥下，怕糟蹋了這些好東西。

好東西，不僅是吃的食物喝的水，還有唐村人濃厚真切的人情味。

大水退去後，留下一地爛污泥。唐村人幫著鏟挖清理，等逃大水的竹子腳人回轉來，庄子已復原得差不多啦。

高腳竹棚留著沒拆。「嘿，這好東西，別糟蹋了，留給我們用吧。」阿金大爺找到他一家五口人，笑嘻嘻說。

回到唐村來，爺爺聽順伯說完楞子跑給大水追，挑擔扛籮筐，一人抵三人的種種本事後，瞅著楞子說：「不錯不錯，沒糟蹋好東西。」楞子低頭看，咦，爺爺指著他的腳哩。

喔唷，原來「好東西」也是在說楞子的腳啊！

穿鞋的鵝

鞋是楞子的寶，好像娘也跟著一路照料。楞子四處打工沒能回家時，鞋就讓他想著唐村，想著家，想著娘，想著爺爺說的「別糟蹋好東西」。

他的鞋做得合腳紮實，鞋底厚敦敦，踩起來挺舒服。但，楞子經常光著腳。

沒穿鞋，是因為捨不得穿。做粗活常趕路的人，鞋子耗損得快，偏偏他的鞋難做，為他縫製一雙鞋，得要娘忙好幾天，他因此把鞋繫在腰上，掛在肩上，或者吊在扁擔上，要不就收在籮筐裡，很少穿到腳上。

十多歲的楞子聽話、孝順，只是少了點經驗，見了人嫩生生的。

「你去附近庄裡走一圈，長長見識吧。」這天大清早，爺爺要楞子砍兩擔柴，去北邊竹子腳庄跟人家換點什麼東西回來。

「我一個人去？」楞子很意外：「家裡的活兒怎麼辦？」

「你自己去。」爺爺不在意的說：「家裡要緊的事先做幾件，其他的等你回來再忙。」

哪些是要緊的事呢？楞子想想，先把家裡水缸裝滿水，牲口餵飽，看看灶下柴火夠用兩天，於是帶上柴刀繩索出門了。

沿桃蹦兒河下游走去，河水在一片荒地上消失，過了荒地再往北，來到另一處小山丘，楞子在這裡砍好一堆柴，結實捆紮後挑著。去竹子腳庄還得翻過山丘哩。

進了竹子腳庄，楞子挑的兩擔柴立刻引來不少人。

「咦，你這是哪兒來的？」「嘿，這些柴好的咧。」「喔，這比竹子好用。」

楞子停下腳：「大爺們好，我叫楞子，唐村來的，兩擔柴想跟大爺們換點東西。」

「喂，唐村好地方啊。」「嗯，你叫楞子啊。」「唷，年紀小小就當家了。」

幾句話說下來，楞子發現，唐村的人開口必定先稱呼「大爺」「小哥」的，在這裡卻是拿「咦嘿喔喂嗯唷」代替稱呼，大不相同。

出門到現在，楞子都沒想過要用柴換些什麼，爺爺沒交代，他也不知道兩擔柴能值什麼東西。

「喂，拿兩隻小鵝換一擔柴，好不好？」

鵝？好啊，帶回去養，娘應該會高興的。楞子答應了。

「嘿，這一堆蓮藕跟芋頭換那擔柴，要不要？」

蓮藕芋頭能種也能吃，就換吧。

楞子沒帶籮筐，蓮藕芋頭可以紮捆起來挑，兩隻小鵝該怎麼處理呢？「叫牠們跟你走就行啦。」鵝主人教楞子：「只要呼幾聲，牠們就會跟著你。」

這倒沒做過！楞子學主人「咻咻」「咻咻」喊，果真兩隻小鵝顛躑著屁股朝他走來。

天黑之前楞子回到了唐村。「咻咻」「咻咻」不但喊來兩隻鵝，也把村裡的人喊出屋子，看這聽話的鵝。

一路喊著鵝，楞子嘴皮酸，話沒說兩句就冒出個「咻咻」，惹得村裡人都笑。「莫把大夥兒都當鵝啦！」爺爺捏他腮幫子，揉揉拉拉後，楞子才丟掉那嘴型。

蓮藕芋頭全都養在村後池塘，算是村子裡共有。「怎不種到桃蹦兒河裡呢？」楞子問。

他爺爺搖手：「使不得。」乾淨的河水供全村人飲食，弄髒了可不行！連兩隻「咻咻」鵝也只讓到池塘裡游。

村人把鵝當作孩子看待，喜歡學楞子喊「咻咻」「咻咻」，看鵝搖晃著大屁股急急跑來，活像白胖小娃兒要人抱抱，好逗呀。

咻咻鵝認得楞子的聲音。喊的人若學不像，鵝扁著嘴巴，左點右點就是不理人。真學得像了把鵝招來，牠們看不見楞子，也會歪歪頸子左搖右搖，乜著眼像在問：「主人呢？主人呢？」

橫豎這兩隻鵝什麼神態都可愛，唐村人習慣「咻咻」喊，當是喊家裡囝囝。

小鵝跟村裡雞群混熟了，愛跟著大公雞。居然有一天，鵝也拍翅膀飛上木樁，學大公雞昂起頭叫。愛跟人抬槓的棒子頭正好見到，「哇哈！」笑出來，把鵝的叫聲比下去了。

咻咻鵝嚇得跌落池塘，以為自己是雞，「啪啪啪」掙扎打水，嘎嘎一陣亂叫，怎麼沒人來救啊！

池塘裡亂成一團，水都渾了。「唉，笨鵝唷。」大家笑唸著。

「別糟蹋好東西啦。」爺爺搖搖頭，還是那句老話。

會聽辨聲音的鵝不多，但只憑這樣就算「好東西」嗎？楞子和棒子頭一齊搖頭。

唐村後面大山裡，樹木茂密，可惜高山峻嶺行走難，除了找柴火，平日唐村人不常來。一天楞子進山砍柴，兩隻鵝沒人喊「咻咻」竟也跟到山裡，沒奈何，他只好叮囑咻咻鵝：「在這邊等我，別亂跑。」

劈劈砍砍，楞子不久就忘了鵝。腰間繫著鞋有些礙事，他把鞋放在砍好成堆的木頭邊，彎身去檢拾乾枯斷折的樹枝。正在忙，卻聽到柴堆有聲音，直起身來看，他的兩隻鞋飛上天啦！

咻咻鵝扁嘴上套著鞋，蓋頭遮眼的看不見方向胡亂衝，翅膀一陣猛拍，竟然就飛起來。

「我的鞋！」楞子搶上前要抓鵝，不對，他想抓的是鞋。

鵝可以用柴去換來，鞋子卻沒得換；鵝跑掉無所謂，鞋子丟失會心疼。楞子大步跨，手伸長長，追著鵝跑。

兩隻鵝把鞋穿在頭上，盲闖瞎飛竟然沒有撞到樹。仔細瞧，鵝划著腳爪像在水裡游，鵝翅亂鼓，屁股蹶扭，又更像鵝肚子被捏掐的掙扎樣。古怪哩！

慌忙間，楞子折斷樹枝丟過去，沒看見打到什麼，可是鵝掉下來了。楞子拿下鞋子往腰間繫好，再看鵝，眼睛睜著，鵝掌能站，肚子完好，只那長長的頸軟軟貼在地上，頭轉來轉去卻就舉不起來，任他怎麼「咻咻」叫，兩隻鵝就是沒法兒走，末了竟還流下眼淚！

這該怎麼好？楞子沒了主意，趕忙抱起咻咻鵝跑回村子。

「你這是遇到山魅。」爺爺檢查楞子的鞋，沒發現什麼，「還好，鵝替你擋下了。」

大山裡高深莫測，總有些捉弄人畜生靈的魔神，有的會害人性命，有的開點玩笑拿走財物。唐村大山裡的山魅不曾傷過人，但是若隨意丟棄東西，祂們會生氣，出手教訓。

「我又沒有！」楞子說。

「你若要脫鞋，記得鞋子要反過來倒扣排整齊，山魅會曉得你不是亂丟，不找你囉嗦。」爺爺耐著性子講。生活裡的學問多，只能碰上一件教一件。「好東西別糟蹋，你懂，鵝也懂啊。我猜，是鵝不讓山魅動手，先把鞋穿走，才惹惱山魅。」

楞子嚇一跳：「咻咻鵝能看見山魅？」

「不是跟你說了嗎？這鵝是好東西。」爺爺嘆口氣，摸摸鵝頸子，揉揉捏捏一陣子後才叫楞子：「你去求蝦蟆大仙救牠們吧。」

抱著鵝來到桃樹林，楞子朝桃蹦兒河跪下來大聲說：「蝦蟆大仙，求求您救這兩隻鵝吧！」「蝦蟆大仙，請您救救鵝吧！」

他恭恭敬敬朝河水磕頭，好像大仙就在他面前。

「鞋子是寶就該收好。」河中央突然嘩啦啦湧起水花，一道水柱噴到楞子和鵝的身上來，楞子趴在河邊不敢抬頭，仔細聽著耳朵裡的聲音。

「凡是活物生靈都有性命，不該比貴賤重輕，不可以有分別心。」字句清清楚楚，意思明明白白，楞子想到自己只心疼鞋子不在乎鵝，既慚愧又後悔。

「鵝掌邊有顆桃，喝下桃汁鵝就會好。良禽知道護主，你也要知道愛物惜福。」

聲音突然停止，水柱也不再落下，楞子抬起頭，河水靜靜流，剛才的聲音和水花都消失了。

「嘓嘓」「嘓嘓」，咦，四隻小蝦蟆推著一顆嫩黃黃的桃子在鵝身邊叫。

「謝謝大仙，謝謝蝦蟆爺。」黃桃子沒有桃子香，卻飄散出濃濃的藥湯味。

楞子照著指示，小心抱起鵝脖子放腿上。看到咻咻鵝主動張開嘴，楞子連忙把桃子放在鵝嘴裡，只輕輕一碰，桃汁就滴下來。喝下桃汁後兩隻鵝依舊垂著脖子抬不起頭，楞子想起鵝從空中掉下來，痛苦流淚的樣子，心裡一陣難過，把頭埋在鵝身上哽咽道歉：「實在對不起，希望你們快點好起來。」

不知是硬扁的鵝嘴推他，還是溫軟的鵝肚子擠他，楞子覺得鵝在扭動身子，他抹去淚水揉揉眼睛，才發現兩隻鵝挺直脖子，舉著頭，亮晶晶的眼珠正盯著他看。咻咻鵝完全好啦！

哈！楞子摸摸牠們那長長脖子。鵝歪歪頭，也學他張開嘴。哈哈，鵝也在笑哩。

跟鵝去救災

唐村的桃樹有一年忒怪！長得高、分枝多，桃子掛得纍纍滿樹，只是沒有熟透能摘的。大家都奇怪，莫非咻咻鵝來撒肥，怎麼桃子特多特大？

這天阿篤從水停兒山上砍柴回來，說了個消息：桮葉村鬧飢荒，竹子腳的人分了一半糧食送過去。

「桮葉村人口多，竹子腳送去的糧能夠撐幾天？」貴叔搖搖頭：「飢荒，可怕呀！」

「咱們去看看。」大牛性子急，站起身就要走，被順伯拉住了。

「做事別莽撞。」順伯指指村裡長輩：「先聽聽老人家怎麼說。」

楞子的爺爺、狗子伯公和其他更年長的眾家爺爺，正在籌算各家要分派多少米糧。突然聽到腳邊有「嘓嘓」的蝦蟆聲，他們福至心靈想到一件事：「蝦蟆仙桃再好不過啦！」

「可是，能摘了嗎？」「咱們去請教蝦蟆大仙。」「當然不能只送桃子去，米呀餅呀芋頭蓮藕能吃的都要有，喝的水更不能少。」「大家分頭做吧。」工作派下去。女人家們忙著烙餅、烤芋頭、裝米糧飲水，小孩兒們去採蓮藕，男丁帶了籮筐扁擔來到桃樹林。

看到最年長的阿鐵公顫巍巍跪在河邊，大家連忙也跪下磕頭，聽著阿鐵公大聲說：「蝦蟆大仙，請聽我阿鐵說。遠處栳葉村鬧飢荒，想請大仙恩准，讓我們摘了桃子去救災。唐村人受大仙教誨，惜物護生，這救人命的事還請大仙協助。」說完，「咚」「咚」「咚」，阿鐵公結結實實磕三個大響頭。

等著等著，眾人安安靜靜，桃蹦兒河也安安靜靜沒回應。唐村人詫異得抬起頭，難道是蝦蟆大仙不同意？

正猜疑著，平靜的河面上突然傳出聲音：「樹上桃子為救人活命而生，盡數摘去理所當然。」河水像倒流的瀑布，往上噴起大片水花，水霧茫茫中現出一個巨大身影。那身影一揮手，千百點水珠飛向樹上桃子，話音持續傳來：「這事不容遲疑，你們隨鵝上路才好。」

眾人都聽得清清楚楚，卻恍恍惚惚如作夢乍醒，剛才真見到蝦蟆大仙了嗎？眼前河水靜靜，哪有影子跟水瀑？但耳朵裡有嘶嘶嗡嗡的細微聲響，空氣彷彿被一隻奇妙神秘的手掌揪住，大仙分明還在說話！

「嘎嘎！」「嘎嘎！」「知道了。知道了。」咻咻鵝的叫聲把那微妙的空氣震破了。大家心頭一鬆，喘口氣，回過神來。

再看鵝，牠倆居然脖頸上掛了籃子，「啪啪啪」振翅飛到高高的桃枝上，嘴巴輕輕一碰，桃子就落進籃中。鵝在摘桃子哩。

「快摘桃子！」想起這要緊事，唐村人俐落手腳起勁忙著。

原本還摘不下來的桃子，此刻全熟透了。粉嫩的、鮮紅的、翠綠的、粉中帶綠、紅裡透青的，大的、小的，滿樹桃子不用試，伸手摘就對了。甚至只要伸長了手，「欸」「欸」招一招，那桃枝就垂下頭，把桃子送到手裡來。

十幾二十隻又大又深的籮筐很快裝滿，桃樹枝條禿禿的，再找不到桃子啦。

連同其他糧食飲水，唐村的青少男丁二十人四十個籮筐挑擔上路。順伯和貴叔這次沒帶隊，「你們跟著鵝就行。」阿鐵公交代他們。

咻咻鵝早飛在前頭等了。「嘎嘎！」「嘎！」扁嘴上凸起一顆紅點的那隻催促大家：「快走吧，快走吧。」左眼眶有黑點的這隻鵝，看大夥兒扁擔架上肩，立刻飛上天在眾人頭頂繞：「走嘍，走嘍。」

蝦蟆大仙已經把路徑告訴牠們倆，現在，咻咻鵝正帶領隊伍走往村後大山裡。

「咦，這麼走沒錯嗎？」「不是該往水停兒山，經過竹子腳庄嗎？」大牛很迷惑，棒子頭也有疑問。

送行的順伯揮揮手：「甭問，甭問，鵝帶你們走捷徑。」

村後大山有山魅，咻咻鵝在這裡被捉弄過，牠們忘了嗎？這山高又陡，密林茂草神秘陰森，會好走嗎？從沒聽過這山裡有路能通到栳葉村，咻咻鵝真的知道路嗎？每個人肩上擔子重沉沉，心裡的問題也層層疊。

兩隻鵝很有默契。帶路的紅點鵝在前頭低低飛，牠不停嘎嘎叫，翅膀拍呀拍，「讓路！讓路！」擋路的樹就偏過一旁，樹枝垂下，讓出空間來。黑點鵝飛高高，在頂上查看前後，誰要是慢了腳步，牠飛過去搧搧翅膀，涼風就推著那人的腳，生出力氣趕上前。

崇山峻嶺中，枯枝落葉踩起來嗶剝嗤喳響，腳底下高低不平。雜草枝葉裡一堆窸窣怪聲，頭上還冷不妨掉落果實斷枝。突然飛起的蛾蝶嚇得阿篤頓住身子，才又抬腳，「轟」「砰」，一段樹幹擦過棒子頭身邊砸下來，他頭皮發麻，阿篤臉色白青青險些摔倒，其他人也驚得心頭砰砰跳。

再走，群雜亂長的樹林擋在前頭，黝黑的樹影裡迷霧籠罩，哪有路？

「嘎嘎！路呢？路在哪裡？」紅點鵝大聲叫問。

「耐心點！」像風吹的聲音回應著。迷濛的前方慢慢灰亮，現出影像：左前方見到一條舖滿樹葉的山路伸入林中。

二十人一列，大牛做前楞子押後，山裡涼爽但仍然走出一頭一身的汗。楞子習慣光腳，他把鞋緊緊繫在腰上。黑點鵝飛到他身邊嘎嘎叫，他就「咻咻」「咻咻」回應。

楞子也不忘向山魅祈求：「山神大爺，我們要去栳葉村救人，經過您這裡，請山神大爺別生氣，讓我們平安去來，謝謝山神大爺。」

幸虧他想到了！一行人原本疑神疑鬼弄得手腳發軟，跟在大牛後頭向來膽小的阿篤更是越走越慢。聽見楞子這些話，大夥兒心裡踏實了，專注腳下步伐，走得穩健也快速，阿篤又重新跟到大牛後頭。

昏暗裡沒人記得住這趟路，只在一個大轉，彎過一片山壁後，漸漸天光大亮，

竟然就離開山區走上一塊開闊的平地。日頭位置離出發時偏了些，楞子估計這約莫兩個時辰，比去竹子腳庄還要快！

前頭隱約有房舍，到了嗎？

「到了嗎？」等待援助的栳葉村人正伸長脖子張望著。竹子腳的人剛離開，現在出現的身影會是來接濟他們的嗎？

只是，遠遠走來的這列隊伍多奇特呀！二十個頭前點後點，籮筐上下上下，像跳著舞踩著「嘿唷嘿唷」的歌聲，被看不見的繩子串起來，讓一隻鵝拉著飛，後面還有隻鵝押隊！

嚇，一列會飛的隊伍！

「飛！」當這個字跳進腦袋裡，栳葉村人嚇一跳，全衝到路頭看仔細。

村子口黑鴉鴉，人牆讓唐村小夥子嚇一跳。「肯定餓壞了！」「他們都還好吧？」「希望能幫上忙。」每雙腿使勁用力，黑點鵝飛前飛後帶出一陣風，吹起桃子香，那香味飄入唐村人的鼻孔毛孔，個個精神百倍，肩上擔子輕了，身子也輕盈，果真像飛一般，眨眼就來到面前。

「走如飛」，「鵝帶路」，有人喃喃唸著。「謝天謝地，栳葉村得救了！」

「貴人來了！貴人來了！」「終於等到了！」「得救啦」「我們平安了」……榣葉村人激動的跪趴在地上，合掌拜、磕響頭、大聲嚷高聲喊。

咻咻鵝嘎嘎嘎嘎叫得更響，牠倆飛上高高天空裡，繞著村子一圈又一圈盤旋。

唐村小夥子們一時間紅了眼眶，「平安」，多麼可貴呀！

水漫栳葉村

唐村二十個年輕人挑來食物飲水和桃子，在鬧飢荒的栳葉村口受到全村人歡喜接待。

「各位大爺好，這裡可是栳葉村？」大牛宏亮的聲音讓栳葉村人笑開了。

「就是，就是。」「哎，你們走路真快呀。」「你們打哪兒來呢？」「哇，一個個都這麼壯，好樣兒！」儘管腹腸空空，栳葉村人像見著親友般，圍著二十個小夥子嘰喳沒完。

「大爺們好，我們是唐村來的，知道各位日子難過，特地送食物飲水來。」楞子這一開口，又引出嘖嘖驚奇：唐村？在哪兒？唐村的人怎麼特別好看？

進到村子裡，地面一片溼濘爛泥，有些地方還一窪窪一灘灘的水。烙餅芋頭香惹得栳葉村人瞪大眼吞口水，可是等他們看到桃子，聞到甜甜香香的桃子味，突然都安靜了，神情古怪不言不語。

「大爺們，這是唐村的蝦蟆仙桃，好東西，跟各位分享。」棒子頭以為栳葉村人沒見過桃子，趕忙解釋。

「太好了，太好了。」栳葉村一個精壯漢子站出來打躬作揖：「先前我們得到指點，說是『唐村桃平安符』，還以為是叫我們去唐村，大家準備要逃難了。現在看到這些才明白，說的是唐村的桃子能保平安，感謝各位，這真是天意啊！」

栳葉村人爆起一陣歡呼：「災難過去了！」「吃桃子保平安，哈哈。」「平安符到了，沒事啦！」「不用逃了！」

他們歡天喜地，把食物飲水按家戶人頭分配發送，至於二十隻大籮筐裡的桃子，全村人都說要放著，每天每人一個慢慢吃。那桃子抵過任何米飯糕餅，入口下肚後身體舒暢有勁，鬧腹瀉肚疼的、喊發燒頭痛皮膚癢的，全都好了，比道士的符水還管用。久久不散的桃子香讓他們不再感到餓，也驅走半年來的潮氣霉味。

飢荒日子苦苦熬，村人原本沒精打采眼塌臉凹，好不容易盼到食物，竟然能不搶不鬧分著吃，看在唐村人眼裡著實感動。

當然，唐村人少不得好奇，栳葉村人也免不了要趁機訴訴苦，緩緩心情。二十個小夥子聽著那精壯漢子金虎說起栳葉村的遭遇。

「雨，整整下了半年，全都要怪我們自己！」金虎嘆氣。

「嗄，半年都在下雨？」棒子頭忍不住咋舌。

半年的雨水會有多麼多啊？可不要淹水了嗎？

「喔，就從竹子腳淹水說起吧。」金虎理出話頭來：

竹子腳發大水莫名其妙的淹蓋整個村，幸虧大水退得快沒有出人命。事後他們請來縣城的張道士起壇作法，誠意虔心祭拜禱告，全庄子都來磕頭，跪了一天一夜。張道士這麼說：「凡事莫貪心！這次大水是竹林裡蛇神給的警告，以後別再捕蛇賣蛇，人蛇互不侵犯才能相安無事。」

這一講竹子腳人恍然大悟。庄裡多竹子也多蛇，約一年前有外地人來勸他們抓蛇去賣，真就有人抓了幾十條蛇給那外地人，得了些銀兩。現在竹子腳的蛇少了，蛇神發脾氣不是沒道理。

拜過後心安了，大家按張道士的指點，不去竹林打擾蛇，果然平安順遂。

栳葉村連著兩年沒下過雨，田裡莊稼快完了，再下去人也會乾死渴死。聽說張道士的厲害，也請他來作法求老天下雨。

「你們想要下多久的雨？」作法之前張道士先問大家。

「起碼得下足一個月吧！」「旱了這麼久，土地早渴到心肝去了，一個月哪夠！」「下久一點……」栳葉村人意見多，被乾旱日子苦兩年，他們是巴不得泡到水裡哪。

法壇佈置妥當，道士穿戴整齊，法劍法鈴令旗令牌玉印符咒全準備好了，只等栳葉村人的答案。一村子能拿主意的人商量再商量，終於開口：「就下半年吧！」

張道士眉毛動了動，心裡長長嘆口氣，用沉緩嚴肅的語調說：「作法求雨全是不得已！」停一下，道士又說：「你們可都想清楚了，確定要下半年的雨，是嗎？」

「正是。」「沒錯。」栳葉村人回答得很大聲，充滿期盼。快下雨吧！田裡等著耕種，莊稼種下地有水澆灌才能有收成，日子才過得下去哪。下雨吧，下多一點！

「既然如此，將來別怨怪雨水太多。」道士看著眾人的臉，仔細審視大家的眼睛。從最前到最後一個，從最左到最右一位，張道士兩眼精光閃閃，把每個人盯得汗毛直豎。他開始作法了嗎？

「你們不後悔？」突然的嚴厲大喝把栳葉村人嚇得心神一震，紛紛跪下磕頭：「不後悔。」「請老天下雨吧。」

「好！」道袍一整，張道士轉身面向法壇，閉目凝神唸起頌文咒語。

栳葉村老少趴伏地上，心中忐忑不定。作法有效嗎？什麼時候能盼到下雨？龜裂開口、皺巴巴的土地，已經兩年沒長出東西，再不下雨，大家只好離鄉背井四處流落，甭想過安居耕種的生活啦！

一村子人心事重重，居然沒有哪個誰用點腦筋想過：雨連下半年會是什麼結果？

祈雨法事結束，張道士離開前留了幾句話給栳葉村：「走如飛，鵝帶路；唐村桃，平安符。」話裡有玄機，可是村人沒心細問。他們全看著頭上聚攏來的烏雲激動大嚷：「有烏雲啦。」「要下雨了。」「快下雨了！」「聞到雨水味兒了！」

真下雨啦。嘩嘩的大雨溼了頭髮衣裳，洗去兩年的悶熱暑汗。大雨嘩嘩鑽入泥土，乾硬的土地鬆軟可以掘墾了。

大雨繼續嘩啦啦。小溝小河一條條出現，種子秧苗伸進土裡長根抽芽，樹木冒綠點長新葉，有雨啦，栳葉村人笑嘻嘻，忙著田裡做活。

大雨一直下。衣服曬不乾，桌椅門窗潮潮黏黏；溼柴燒出青煙，天空垮著臉；人心裡長著霉，農作抽高高不結穗。栳葉村人收起笑容，想念太陽、月亮和星星。

大雨繼續下。腳踏著的是爛泥，到處都積水，栳葉村人皺著眉扳手指頭數，還得下一個月哪。

大雨不停下。莊稼泡在水裡，禽畜泡在水裡，屋子泡在水裡，樹木泡在水裡，土地泡在水裡。看著頭上腳下周圍一片水汪汪，栳葉村人搖頭嘆氣：「都怪咱們太貪心了！」

捱到半年過去，雨真停歇，烏雲也散去，太陽終於露臉來。大家矇眼遮臉淚流滿面。

「唉！」安靜聽故事的唐村人，忍不住唏噓。

「這也難怪，黑暗裡見到光，誰不高興落淚呀。」棒子頭安慰金虎。

「不，咱們流淚是因為陽光太強，扎進眼裡痛哪，整整兩天張不開眼。」金虎搖手。陰雨裡過了半年，栳葉村真正要掉淚哭的，是絕糧斷炊，再沒啥吃的啦。

「竹子腳庄救濟的糧食不夠吃，他們說回去通知其他村莊送食物來。」金虎看著眼前少年家：「一定是天意安排！竹子腳人剛離開，你們就趕到了，腳程真快！張道士指點的那幾個字，可不就是說你們嘛。」

小夥子們驚詫得忘了接腔。半年前就知道他們會跟著鵝送桃子來，張道士想必是個神仙。唐村今年結這麼多桃子，應該也是蝦蟆大仙料到栳葉村有難吧。未來的事神仙都能先知道，那自己現在想啥作啥祂們必然一清二楚，遮瞞不過。

送糧救災回來，這群小夥子彷彿樹上桃子，被大仙用桃蹦兒河水灑過——全熟透了，個個成熟明理，少去生嫩多了穩重。順伯和貴叔暗暗點頭，派他們走這趟，有用哪！

靠著蝦蟆仙桃度日，栳葉村人重新種田做活。話家常時他們對這一列送來仙桃的「飛人」津津樂道：

「唐村的人哪，高大好看，走路用飛的。」「唐村的人哪，跟著鵜飛。」「那兩隻鵜啊，是神仙變的。」「神仙送桃來，救了栳葉村。」

越說越離譜，唐村的人被說成仙啦。

看猴戲囉

唐村的阿篤平日老嫌自己膽子太小，跟鵝去栳葉村救災回來後，覺得那顆膽長大了些，不會再為一點小事就驚嚇惶恐。可惜半個月不到，他這個膽又破了，嚇破的！

唐村人都在家的這天下午，有個奇怪的人來到村子。

瘦高個子，頭髮稀疏，臉皮光滑，對襟衫兒功夫褲，眼睛細細瞇成條線，背著一口大木箱。正面沒瞧出奇怪，看到他身後，呀，背上駝起一個包！

以為是個駝子，不料那駝背上竟露出兩顆亮晶晶的眼珠，滴溜溜轉呀轉，把上前招呼客人的阿篤嚇得倒抽一口氣。

眼花看錯了嗎？阿篤再細看那駝背，嘿呀，這回沒有眼珠子，倒有一口黃板牙在說話：「久仰，久仰。」一尖尖細細的聲音，像小女娃兒嬌嬌嗓門。

阿篤「蹬磴」退後兩步，駭得開不了口。

「怪人！怪人！」他指著對方想喊，卻半點聲音都發不出來。哎哎，為什麼要叫我阿篤？這下喉頭真堵住了！

看阿篤沒出聲招呼客人，順伯上前來：「大爺好，歡迎到唐村。」

「久仰大名，久仰大名。」聲音從駝子背上發出，像捏著鼻子說話。

順伯愣一下，那人「哈哈」朗笑，雙拳一抱，用雄渾低沉的聲音說道：「唐村大爺好，我叫巫本，來到貴寶地，想借個場地表演表演賺點盤纏旅費，剛才說話的是我徒弟。」

徒弟？沒看到有誰跟著呀。順伯沉住氣問：「失禮失禮，不知另一位大爺在哪裡？唐村招呼不周請別介意。」

撮口吹哨，巫本駝起的背突然消了，直挺挺好端端一個人立著。再看，他頭上多了隻小猴崽，穿著整齊衣服，戴頂瓜皮小帽，齜牙裂嘴學說人話：「久仰大名，久仰大名。」

「牠叫阿立。」巫本頭一歪，那猴子順勢坐到肩上，又說：「不用客氣，不用客氣。」

奇怪，這猴崽怎麼把師父的聲音學成嗲嗲的女人腔？

弄清楚是耍猴戲賣藝的，順伯示意阿篤帶路。

「歡迎歡迎，咱們村子有塊空地，應該合大爺需要。」順伯說。

阿篤緩過心情，能開口說話了：「兩位大爺，請跟我來。」邊帶路邊覷瞄剛才嚇他的小猴崽。

那阿立站在巫本肩頭，摘了瓜皮小帽戴到巫本頭上，扮鬼臉，沒大沒小捉弄牠師父，逗引得村裡囝仔娃兒笑呵呵，一路跟著。

巫本那口大木箱也吸引娃兒們的目光。掀開蓋，吃飯傢伙亮出來。先是一面鑼，巫本拿起來「匡噹噹噹」一陣敲：「來來來，看看看。在下不才小的巫本我，帶徒弟阿立來給唐村鄉親獻個醜。絕活兒，沒有；金創膏藥，沒有；胭脂水粉，沒有；通通沒有，只有阿立徒弟的好身手。」鑼聲匡匡匡，大人們圍過來。

巫本繼續吆喝：「三色人講五色話，有理走遍全天下。胭脂水粉臉上擦，上午抹了下午抓；金創膏藥人人誇，今天吃了明天拉。無本生意包準發，地獄門開等你下。」鑼聲匡匡匡，大人點點頭，小孩哈哈笑。

「還是端出真本事，刀路拳術雜耍伎倆，旁門左道邪門歪道，鄉親咧，黑白兩道不可靠，人間道上要有朋友靠；徒弟咧，綳緊皮條上場囉。」匡匡匡，鑼聲大響，場子炒得熱滾滾。

巫本拿出幾個鐵圈，左甩右拋。鐵圈四處滾，阿立左手勾住一個，身子騰空盪起，右腳擋下一個，再低頭套住第三個。哎，第四個滾遠了！阿立拍額頭，氣急敗壞跑去追。看牠露這一手，小孩兒哈哈哈，樂得直跳腳。

巫本又低頭在木箱裡翻，扔出盤子來。東一個西一個，有的遠有的近，阿立接得團團轉，最後一個落在阿立背後，小娃兒閉起眼摀耳朵，心想盤子要砸碎了！咦，沒聲音，睜眼看，阿立趴成個大字，盤子坐在牠屁股上。

巫本只管低頭翻找傢伙，不斷出難題考徒弟。

兩個小木桶，阿立一手一個提著走，把盤子一一放進桶裡收妥了，改拿扁擔挑回來。「抽煙吧。」巫本把一管長桿煙斗交到阿立手上，牠就「叭茲叭茲」抽起來，煙從鼻孔耳朵嘴巴冒出來，牠又去噴了巫本一臉煙霧。

「猴崽子，別胡來。」笑罵著，巫本搶回煙斗，長長煙桿順勢一掀，阿立連翻十八個觔斗，活像牠祖宗孫悟空。霍，這精采！圍觀的眾人滿場喝采。

「得啦！」巫本取出小裙襖給阿立套上，唷，場上登時變出個小姑娘，揣著紅絲巾屁股扭呀扭，這位三八阿花搔首弄姿繞了一圈，末了居然還坐到木桶上，拈起針線繡花哩！

唐村男女老少熱熱鬧鬧看猴戲，個個笑翻了，只有阿篤心不在焉，眼裡有巫本和阿立，卻沒見到人跟猴子在做啥；耳朵裡叫喊笑罵句句分明，卻沒聽到鑼聲匡匡噹噹。他呀，一心懊惱自己沒膽識，連猴子都能嚇著他，真是丟臉！

「匡匡匡匡」，冷不防地，鑼聲在阿篤耳邊緊響，勾魂似的把阿篤敲得全身一震，手腳亂擺，下意識摀耳朵。

是猴子阿立敲鑼。巫本正耍著大刀，他腰胯如靈蛇盤轉，腳步穩如釘樁，躍踢蹲跺；手腕運勁舞刀，刺劈砍剖。光閃過風吹起，刀鋒帶勢削去，看的人紛紛退後，摸摸臉面手臂，覺得被刀劃出傷口，有些兒疼痛，還好只是錯覺。「欸，好啊！」「不錯，好刀法！」「功夫了得！」「有本事！」唐村人用力鼓掌喝采，更勝過剛才猴子阿立的表演。

阿篤心神不寧，老覺得什麼事兒怪怪的，剛才那鑼點竟然也能把他嚇跳起來。「唉，蝦蟆大仙能不能幫我換個膽呢？」他自怨自艾，一場猴戲沒看見多少，只記得猴子敲鑼巫本耍刀。

看表演給賞錢，阿立的瓜皮帽裡落進不少銅板銀角。走江湖的人出門在外總是有不便之處，唐村人熱情接待，給賞金不小氣，又看日頭西斜，理所當然留巫本過夜。吃了晚飯喝了茶，閒聊一陣，大家早早進屋歇息，巫本也帶著阿立借宿順伯家。

　　夜裡，躺在床上翻來覆去睡不著，阿篤摸黑坐起身，他想到河邊去求蝦蟆大仙。

　　外頭沒月光，暗裡靜悄悄，唧嚦嚦的蟋蟀聲特別亮。阿篤出門往桃樹林走，經過順伯家，蟋蟀聲突然收起來，沒了聲響四周更加烏墨墨。

　　跪在河邊，阿篤認真磕頭，嘴裡唸著：「蝦蟆大仙，我是阿篤啦，你能不能先別睡覺，幫我想想辦法。我的膽子能換個大一點的嗎？我希望能夠天不怕地不怕，蝦蟆大仙你能幫我嗎？」

　　他說完又緊磕頭，沒留意間，鼻子碰到個東西，香香的，是桃子！「阿篤，好孩子，送你吃桃子。阿篤是個好名字，忠厚老實做什麼都篤定，當然不怕事。」這話音親切，一點也不嚴厲，雖然夜暝，大仙還是醒著，祂在守護村子哩！阿篤摸著桃子，先恭敬捧著，磕頭謝過大仙後，這才一口一口細細咬慢慢嚥，只覺得全身熱熱暖暖，很感動也很安慰，不覺就挺起胸直起腰，眼睛閃著光。

　　另一頭桃樹突然傳出「嘩嘩」「沙沙」被扯動的聲響。深夜裡，誰會來摘桃

子？尋著聲音找過去，阿篤依稀看出樹枝上下點呀點，一條黑影晃來跳去，哎呀，是那隻猴子阿立。

「下來，下來！」阿篤揮手去趕。牠這麼搖搖盪盪，桃樹嫩嫩的枝條全遭殃。

「你不行這樣，下來，下來。」阿篤急得大喊。

「吱吱」「吱吱」，阿立好像在笑。牠跳下地，黑漆墨烏裡不知去向。

等了一會兒，再沒有動靜，阿篤走回村，想著：天亮後該跟順伯說這事，也得再來桃樹林看看。

嘿，他這時候果真天不怕地不怕咧。

蝦蟆抓賊

吃下蝦蟆大仙給的仙桃，唐村阿篤渾身竄著熱流，心裡覺得異常平靜。他從河邊折回家，來到白天看猴戲的那塊空地，漆黑裡突然聽到「唉喲」「唉喲」怪叫的聲音。

阿篤停住腳，聽不出是村裡誰人在呻吟，他朝著唉喲聲靠過去。

「是誰？」阿篤出聲問。他睜大眼看也沒發現什麼，太暗了。「是哪位大爺？哪裡不舒服嗎？您在哪兒？」

「唉喲」聲叫得很痛苦，像從地上傳出來。阿篤拿不定主意，走過去怕一腳踩到那人，老站在這裡也不是辦法，他乾脆放大嗓門兒喊：「大家快來啊，快起來啊，外面有人鬧病痛啦。」

嘿，他這嗓門真夠響，各家各屋不多時都走出人來。「誰呀？」「什麼事兒？」「點火把來！」「是阿篤嗎？」「來了來了。」

聽見這些回應，阿篤放心了，「是我，阿篤。這邊有人哎喲哎喲怪叫。」

幾隻火把映出順伯、貴叔、楞子、大牛的臉孔，村裡壯丁幾乎都來了，阿篤鬆口氣。

「唉喲」「唉喲」叫的不是別人，正是表演猴戲的猴子阿立，在地上翻滾扭動，就不知道牠是哪裡疼哪裡痛？

「這可得找牠主人巫本大爺來看看。」順伯說：「剛才我出來時，他還在床上蒙頭睡。」

也就這同時，突然爆出響亮的「嘓嘓」「嘓嘓」蝦蟆聲，叫得大伙兒停住腳，轉過身去瞧。

嚇，大大小小三四十隻蝦蟆，把個人圍住了，正一齊兒那個人哩。牠們坐得直挺挺，像要跳起來撲上去，到底誰惹牠們呢？

火把映出刺眼的光，一口亮閃閃的刀，是賣藝師傅巫本，被蝦蟆困住，竟然想拿刀去砍蝦蟆。奇怪，他提腳跨過去有啥難的？用得著仇家決鬥一般，煞氣騰騰！偏偏那刀又砍不到蝦蟆，總在離牠們幾吋就劈不下去，給什麼東西格開架住了。

仔細多看兩眼，怪啦，那一圈蝦蟆裡分明另有個看不見的人，擋著巫本不讓他走出圍困！

巫本左揮右砍，用盡氣力還是過不了，心中暗驚：小小唐村竟藏有這等高人，今晚恐怕沒法善了啦！

阿篤想到剛才在桃樹林撞見猴子的事，低聲跟大伙兒說了一遍。事有蹊蹺，順伯趕回家查看，床上被子蒙住的是個包袱，哪有什麼人！

再來看阿立，已經沒力氣翻滾了，匍匐在地上慘叫。猴子一向愛吃桃兒，想必是吃了沒熟透的仙桃，鬧肚疼。

「巫本大爺，您徒弟在這兒不舒服，您快過來看看吧。」阿篤喊。

「哼，猴崽子，死了活該，我正要拿刀劈牠呢！」巫本冷笑連連，又砍出七八刀：「牠呀，半夜不睡，溜出來做壞事，汙了我的名聲。畜牲！」聽他罵得咬牙切齒，顯然是阿立犯了什麼錯，被師父責罰，倒跟桃子無關。

猴子阿立哀哀叫。巫本的斥罵讓牠渾身發抖，拼命搖手，好像是說「不敢了」「不敢了」。

「哎，就饒了阿立吧。」唐村人看著不忍心，紛紛開口求情：「總是您徒弟呀。」

「教不嚴，師之惰！」巫本的氣不打一處來，究竟這阿立是做錯什麼了？

「是你叫猴子偷東西，為何又拿刀劈！」慘叫的猴子居然開口說話，卻不再是嗲嗲的女腔，而是威武嚴厲的嗓音。

猴子換了聲喉來告狀，把唐村人嚇一跳。巫本也詫異，這猴崽，什麼時候又學會這種聲腔？

「給我閉嘴，你這猴仔畜牲。」可能是叫得太用力了，巫本的聲音有些抖，飄飄的。

猴子繼續說：「你叫猴崽別睡了，你往東牠往西，有什麼東西就拿，不用客氣。」牠這聲嗓越聽越耳熟，真的是阿立在說話嗎？

「去死吧，畜牲。」巫本氣瘋了，舉刀砍過來，唐村人忙走避。擔心阿立被劈成半，阿篤彎身抱起猴子，閃到火把後頭暗處。

蝦蟆的嘓嘓聲這時改了款，拔高拔尖又長又響，聲音滙聚成一股力量。大家只覺腦門嗡嗡響，要炸破了，趕快摀住耳朵不敢聽。巫本手中的大刀不停「鎗鎗」顫抖，震得他手腕發麻，鬆開手，刀子掉落斷裂成好幾截。

眼看蝦蟆們肚皮鼓脹，眼睛怒突，下盤抬高就要撲上抓去，巫本腿一軟，跌在地上張口喘息，全身溼透了，不停滴出水。有個東西從他身上掉出來，叫唐村人都看傻眼。

順伯傳家的古銅寶鏡怎麼在巫本身上？幸好沒摔碎了。

老實的唐村人到這會兒才弄懂，巫本原來是做無本生意的賊啊。

順伯回去把巫本的大木箱和床上包袱取來。哇，貴叔家的如意玉珮，楞子爺爺的翡翠煙斗，大牛家的夜明雙珠，阿鐵公的、棒子頭的……，唐村每戶人家值錢寶貝全在裡頭！大伙兒趕忙來認自家東西。

趁眾人沒注意，巫本想跑。「嘓嘓」「嘓嘓」，蝦蟆大聲叫，跳到他身上，壓得巫本像被雷峰塔鎮住的白蛇，動彈不得，連喘氣都困難。

「巫本巫本，走江湖要憑本事正當營生，我把刀子沒收免得你弄出人命。猴子自有靈性，耍戲賣藝沒關係，不該教牠學壞使詐。」話依舊從阿立口中說出，唐村人卻忙不迭地跪下來：這是蝦蟆大仙在教訓哪！

巫本不知利害，人被制住了還要逞口舌：「哼，你少裝神弄鬼，有本事就現身跟我比劃比劃。」

阿篤抱著阿立，感覺胸口嗤嗤震動，大仙的聲音撞擊著他全身血肉：「巫本巫本，畜牲與人都是生靈，不可任意殺生害命。自己犯錯怎可推諉，我借猴子的口說破你醜行，你要趁早悔悟改邪歸正，莫叫娘親一再受怕擔心。」

唐村人再度把巫本圍起來，這回可不是看表演啦，是要聽他給個交代。巫本也爽快，大聲說：

「沒錯，我趁著走江湖賣藝，帶阿立偷遍大村小鎮。唐村桃子很有名，今晚我特地要這猴崽去摘桃，誰知牠跑去樹林裡耍鬧，被人看見，我因此教訓牠。可恨這猴崽不經打，逃到外頭鬼叫。我本想一刀砍死牠，卻被什麼擋住過不去，這群蝦蟆更邪門，叫得我使不出力。都怪自己不長眼，沒發現唐村還有高人，既然栽了跟頭，隨你們處置，我沒話說。」一口氣講完，巫本乾脆閉上眼。

「巫本大爺，猴子也是條命，千萬別殺生。」「唐村的桃子是蝦蟆大仙的賞賜，要熟透才能吃，硬摘下來是吃不得的。」「攔著您的是蝦蟆大仙，不讓您做錯事。」唐村人和和氣氣勸巫本。

蝦蟆大仙是什麼神聖？看唐村人恭敬畏服的神色，難不成真是個仙！心中一動，巫本睜開眼，看著身上怒目瞪視的幾十隻蝦蟆，不禁長長嘆口氣。

「唉，生我的時候，娘夢見蝦蟆牽猴子，始終猜不透什麼意思，原來是說我眼前的下場。唐村各位爺們，就請收留這猴崽吧。做賊偷不光采，大仙也罷高人也罷，不讓我傷天害命，其實是救我，巫本很感謝。這口刀至今不曾見過血，斷了正好，我空有一身刀法拳術，沒用到正途也是辜負寶刀！」大悔大悟的話說完，巫本又是一聲嘆：「唉！」

「巫本巫本，放了猴崽，捨了寶刀，斷了邪念，徒弟便在眼前。」話說完，空氣中再沒有嗤嗤聲，大仙離開了。

巫本覺得身上一輕，三四十隻蝦蟆不知誰下的令，同時跳離巫本身上，連一聲「嘓嘓」也沒，都跳入暗處不見了。

「吱吱」「吱吱」，阿立手腳亂動，抓猴撓腮，正常啦。阿篤放下猴子，趕上前把巫本扶起來：「大爺快起來，蝦蟆爺放您走哩。」

火把快燒盡了，天也濛濛亮。巫本心頭茫茫，愣了會兒，眼光看向阿篤：「謝謝這位小哥。白天進村時嚇著你，請多包涵。看你膽大心細反應伶俐，若不嫌棄，我想把一身武藝教給你。」

唐村人笑開來：「好事！好事！」「也是有緣才能如此。」蝦蟆大仙感化壞人還為阿篤找了師父哩。

阿篤也不忸怩，端端正正向巫本鞠躬，叫聲「多謝師父」，篤定穩當的神態，讓唐村人刮目相看：哈，阿篤，好膽識！

官差老丁

官差老丁雙腳大步邁，嘴裡跟著吼：「走快點，再慢，今晚就在樹林裡過夜了。」一拖著腳，垂頭喪氣跟在他身後的，是人犯孫四，雙手銬住，滿臉塵土和著汗水鬍渣，髒到看不出表情。

剛剛老丁說話時，太陽已經掛在西邊樹頂上，荒郊野外沒有人家，離要去的萬縣遠著哩。孫四心裡冷笑，老丁騙誰呀，走快走慢都一樣，前不著村後不著店，他是口頭禪說慣了，一勁兒催！

日頭倒很聽老丁的話，走得快，眨眼工夫就下到山凹裡。

夜色暗合前，老丁選了棵粗壯大樹，把孫四攔腰綁在樹幹，再加上腳鐐，防他夜裡跑掉。

天亮後，老丁解開繩子收起腳鐐，孫四站起來，腰跟腿坐麻了，一時還接不上，他蹣跚顛倒腳步遲緩沉重。

「走啦。」老丁喊狗一樣，瞧都不瞧人，孫四默默跟著。

這條路繞樹林蜿蜒盤曲，看起來普通卻飄著花香，大清早聞更是濃郁提神。

尋著香味張望，終於見到一片桃樹林，聞到的不是花香卻是桃子香。

樹上一顆顆桃子飽滿豐潤，映著晨光，每一個都像要滴出汁來，可口誘人。

老丁走過去打算摘顆紅桃。他用力扯，「刷拉拉」，一截桃枝連同三顆桃子被硬生生拉斷，桃子緊巴著枝條，被捏得皮破汁流還是拔不下來。他乾脆整枝拿到嘴邊張口就咬，哎喲喂，這桃子中看不中吃，酸澀得割嘴燒喉，把老丁五官揪成團。「呸呸呸」，連連吐了好幾口，不信邪，再試第二個，這回他學乖了，先聞一聞，把桃子香味吸了個夠。

桃子香在鼻孔裡竄，催著老丁：吃啦，吃啦，這麼甜這麼香的桃子，快吃啦！

正準備咬下去，鼻孔癢癢的像有蟲在爬，跟著「哈啾」一個大噴嚏出來，青青綠綠兩條膿涕滴滴垂垂落在那桃子上，老丁噁心作嘔，忙扔了枝和桃，擤出一大坨黏瘩瘩的鼻涕，伸手又往桃樹上摘。

站在一旁默默看的孫四心裡嘆氣，糟蹋桃子做什麼呢！樹上這些漂亮桃子，應該是小心摘下來，千般寵萬般惜的吃進口，才不枉它們在枝條上的動人風情，老丁未免太粗魯了！

「桃子呀，你們若能跑就快跑吧，別讓老丁糟蹋了。」孫四盯著桃子發急，像夜晚看星星那樣在心裡呼告，生怕有哪根桃枝哪顆桃子折損了。

「喂，你過來。」老丁叫。孫四嚇一跳，心裡的話被他聽見了嗎？

「過來，讓我踩著。」弄明白是老丁不夠高，要拿人犯來墊腳，孫四故意腳底一滑，溜出幾尺遠，嚇那官差爺。

老丁果然驚覺：唷，自己真糊塗！這傢伙萬一起歹念存心摔死我，誰會知道呢？才想著，腳下絆到什麼東西，他跌個狗吃屎，爬起來看，是剛才丟掉的那截桃枝，被他這麼壓，枝上桃子爛糊糊黏在他額頭臉頰，越擦抹越黏瘩，煩得老丁發火大罵：「什麼鬼玩意兒！」

不說沒事，他才罵完竟又一屁股跌坐地上，腰背劇痛，疼到他撫著腰按著背，躺也不行坐也不行，「哎喲哎喲」叫幾聲之後痛暈過去。

昏沉中見到一隻大蝦蟆，拿起地上桃枝鞭打他：「什麼官差，見桃就摘，行為亂來，實在不該。」蝦蟆說人話，邊打邊說：「熟桃能治病，生桃吃了會要命。」

蝦蟆手勁不大，桃枝打在身上沒啥感覺，打了七八下，蝦蟆吐出一口水滴在桃枝上，又對老丁說：「若知悔改，把桃枝接回樹，長合之時，自有熟桃可摘。」老丁還在想話裡的意思，蝦蟆不見了，只聽到孫四喊：「大爺醒醒啊。」睜開眼，腰背倒不痛了，但皮肉熱熱辣辣像鞭子抽打過一般，老丁很吃驚，問孫四：「剛才那隻蝦蟆呢？」

「沒見到蝦蟆呀！」孫四莫名奇妙，這官差大人怎麼醒來就胡言亂語？掙扎坐起來，老丁掀開衣服看，唷，紅紅腫腫的鞭痕七八道，這可不是作夢！

「你去，把那截桃枝接回樹上。」聽到這話孫四更起疑，官差大人莫不是摔瘋了，折斷的樹枝怎麼接得回去？

試了好幾次，只要手拿開，桃枝就掉落來。老丁看得啞口閉嘴。

休息一陣，大蝦蟆又出現老丁眼前，舉桃枝教訓他：「沒偷錢的人不用賠銀兩；桃枝是你折斷，理當你去接上！」口氣嚴厲活像縣太爺審犯人。

乖乖從蝦蟆手中接過桃枝，老丁站起身舉直了手去接合斷枝。

旁邊孫四嚇一跳。嗄，怎麼搞的？老丁隔空一抓，地上桃枝就飛進他手裡！折斷的枝條合到那扯裂的缺口，竟然就接回去不會掉！

放開桃枝看著樹，老丁突然皺眉頭。哎呀，肚子疼，腸絞得厲害，他抱著肚子蹲下來，哼哼唉唉慘叫。一陣緊接一陣的痛，任他是鐵打的英雄也會變狗熊。

「官差大爺沒事吧，要不要我去找附近人家來看看？」瞧老丁痛苦模樣，孫四小心問。

哼，讓你去找？只怕有去無回，趁機脫逃！老丁不領情，搖搖手代替回答。

見老丁臉色發青發白，豆大汗珠一顆顆掉，跪在地上翻滾哀號，孫四趕緊跑，雖然肚子空空沒力氣，還是拼命邁腳。

「你給我回來！」老丁踉踉蹌蹌追出幾步，跌癱在地，眼睜睜看著孫四消失在樹林中。

生平第一次讓人犯跑了，官差老丁肚子痛心也痛，氣衝腦門的同時，腸子突然猛絞，他慘叫一聲後軟了啞了，失去知覺。

若真痛死了也就罷，老丁悠悠醒轉來，才睜眼又是一陣腸絞痛。他冷汗直流溼透衣褲，泥土雜物沾滿全身，不像官差倒像逃獄的犯人。

都是孫四害的！老丁咬牙切齒詛咒：「壞蛋渾球，膽敢設計害我，不得好死！」他自己貪吃摘桃耽誤行程，卻把帳記到孫四頭上，「等我好了，一定逮到你，剝掉你的皮！」

「官差大爺」「官差大爺」，叫喊聲讓老丁一愣。說人人到，這不是孫四嗎？他不是開溜了，又回來做什麼？是要看我翹了沒？

「這邊這邊。」果然是孫四，手還銬著，還是邋遢髒臭，跌跌撞撞跑過來。兩個壯漢跟著他。好啊，原來你約了同夥來接應！老丁心一橫準備拼命。

「大爺好些沒？我是唐村的阿篤，他叫楞子。剛才這位大爺去村子裡喊救命，我們趕緊過來。」

「他們說，官差大爺鬧肚疼，可能是吃了生的桃子，只要再吃下熟透的桃子就沒事。」孫四跑得全身虛脫，幾句話說得結結巴巴。

想起夢裡頭蝦蟆的話，老丁終於懂了，是自己亂摘亂吃招來痛；桃枝既然能接回去，一定也有熟桃可摘。

「謝謝兩位，不知哪顆桃才是熟透的？」老丁啞著嗓子問。

「只要伸手輕輕碰，一碰就掉的桃子就是熟透能吃，可以強身治病。若不，那就是生的，硬摘不得哩。」阿篤說得仔細，也讓老丁聽得暗自慚愧。

楞子去摘桃。試了又試，果真有個桃子碰到手就掉落，他忙拿給老丁。

捧著桃子張口咬下，香甜的桃汁立刻噴滿喉，老丁嚥下一口又一口，竟不用嚼，全化成汁流進肚。只覺得一股清流從喉頭直通胃腸，先前的絞痛腹脹都沒了，丹田升起暖熱的氣流，他調勻了呼吸，全身舒暢爽快，臉上肌肉表情鬆鬆軟軟和和氣氣的。

站起來伸手踢腿，竟比早上出發時還有勁道。「多謝多謝。」老丁抱拳作揖向阿篤楞子道謝，臉一抬，哎呀，一顆紅桃垂在鼻尖，他雙手去捧居然就掉進掌心裡。這是剛才接回去的桃枝上第三顆桃，能吃嗎？

「自己掉下來的更好，是給有緣人吃的。」楞子說。

「既然如此，應該給你。」老丁捧著桃子蹲下來，送到孫四面前。

「我？」孫四還倒在地上喘呢，被老丁的舉動嚇一跳。

「也對，也對。」阿篤和楞子笑嘻嘻直點頭。

「正該給你吃。」老丁把桃子放在孫四手裡，掏出鑰匙解去手銬：「這東西用不著，我信得過你！」

萬掌櫃的眼淚

衙門差役老丁帶著孫四來到萬縣。進城之前老丁問：「孫老弟，有什麼事要我做的？」

進城到了衙門就得坐牢去，孫四想了想：「能不能讓我見姐姐一面？」點點頭，「進城後我會想辦法。」老丁把孫四送衙門交了差，就去打聽萬掌櫃的事情。

「那個萬興客棧的老闆嗎？頭被打破了還是想不開，苛頭得很。」「萬掌櫃？成天坐在櫃臺後頭唉唉叫，一個錢打二十四個結！小氣得咧。」「那錢鬼！昨天還請郎中看病，硬是把藥錢拗下不給。」問一個罵一句，老丁聽一句笑一次。原來萬掌櫃沒被打死，孫四這官司好解決！

找到孫四家，矮小破舊的柴門開著，老丁喊了幾聲沒見人出來，他問路過的大娘：「這家人呢？」

「散啦。老的早死，剩下姊弟倆，弟弟打傷人跑了，姐姐可憐，被叫去幫傭抵罪，早出晚歸很久沒見到啦。」

大娘搖頭嘆氣：「欸，萬掌櫃愛錢出了名，誰不知道那惡人存心佔便宜，花樣一大堆。」

聽起來萬掌櫃才是惡人，果然惡人先告狀！老丁也跟著搖頭。

客棧裡見到官差，孫四姐姐很吃驚：「我叫孫三，弟弟怎麼了？」這姐姐個兒小，說話聲倒很平靜，透著懂事。「孫四想見你。跟我來。」老丁在前頭帶路，很快來到牢房。

姐弟倆見到面，眼眶先紅了。孫四搶先說：「姐，你仔細聽。有個仙人教我，去唐村買仙桃，能治那壞掌櫃，你敢去嗎？」

孫三冷靜下來：「好，我去，怎麼走？」

「城外柳樹下有隻紅點鵝會帶路，要趕在大人審問時回來才好。」一口氣說完，孫四問：「姐，要走大段路哩，你行嗎？」

「行，我會走快些。」跟弟弟的塊頭比，孫三實在瘦小，但小姑娘毫不遲疑。出城門沒問題，可是帶路的鵝在哪裡？

柳樹腳邊亮晃晃一點光，是個銀元寶！孫三這才想到：身上沒半毛錢，拿什麼去買桃子？

耳朵裡有細細的聲音叫她：「姑娘姑娘，鵝兒載你去唐村買仙桃。」腿邊有東西磨蹭，她低頭看見一隻大白鵝，扁嘴上凸起一顆紅點。孫三猶豫著，坐上去，鵝會不會被自己壓扁啊？

「鵝兒飛比你走路快，趕緊坐上來。」聽著神仙的話，孫三坐到鵝背上。她抱著長長的鵝脖子說：「鵝大爺，謝謝您。」

「嘎嘎」，鵝叫兩聲，翅膀拍動，孫三只覺得自己落在一床軟墊上，沒多久竟舒服得睡著。

紅點鵝飛到桃蹦兒河邊輕輕降落地，嘎嘎叫喚：「到了，到了。」孫三驚醒過來，忙下了鵝背。眼前一條小河，身旁一片桃樹林，滿樹的桃子大又美，香味撲鼻，她忍不住深深呼吸。

跪下來捧起一抔河水喝下，哇，清甜透心涼，說不出的舒爽平和。多好的村子啊，讓人自自然然就輕鬆歡喜。

「神仙神仙，我為弟弟來買桃，可惜身上沒有錢，想用歌聲結個緣。」這聰慧的姑娘想出好點子，她就跪在桃樹下，仰頭唱起歌：

「看不見的神仙啊，有著慈悲的法力，安慰我愁苦的心。美麗的河啊，流著清甜的水，洗淨我心裡的煩憂。壯挺的桃樹啊，結著香甜的桃，幫助窮困的我呀，得到歡喜平安。」

清脆圓潤的歌聲飄過河面，飄上桃樹，飄入唐村。河面漾起小小細細的漣漪，桃樹晃著桃子點呀點，屋裡的唐村人以為仙人在唱歌，唇邊生出朵朵微笑。

唱完歌，孫三赧紅雙頰合掌問：「神仙神仙，能給我仙桃嗎？」

「好姑娘，你的歌聲美妙無比，兩顆桃子答謝你！」

「來摘我！來摘我！」神仙的話才說完，就有個笑嘻嘻的聲音喊。孫三抬頭找，有顆青綠綠的小桃子在枝條上晃盪，她站起身摸，小桃子就躺進她手裡。

「還有我！還有我！」旁邊一顆大紅桃拉著枝條靠過來，自動就落下，孫三伸手接住了。

「好姑娘，青桃擠汁療外傷，紅桃吃下醫心病。坐上鵝背，鵝兒帶你快快回。」神仙在她耳裡催。

孫三把桃子放進口袋，趴到鵝背上，抱緊了鵝脖子她又唱起歌：「看不見的神仙啊，感謝祢！美麗的河啊……」

空靈的歌聲，飄在桃蹦兒河上久久不散。

萬縣衙門裡，縣太爺威嚴端坐大堂上，底下站了孫四和萬掌櫃對望著。

「孫四，你可承認動手打人？又為何要傷人？從實招來！」縣太爺問得孫四心中一陣酸楚：「大人，小的確實打了萬掌櫃，丟板凳打中他的頭，可是他不該硬要抓走我姐姐。」

「你姐姐又是何人？為何不在這裡？」

旁邊差役正要回答，萬掌櫃搶著說：「大人，您不知道，他姐姐叫孫三，偷了我的元寶銀兩不還，我要孫三做工抵錢，孫四就打我。孫三今早就沒見到人，說不定逃跑了。」

縣太爺驚堂木一拍，大聲斥罵：「大膽刁民！誰問你話？再犯就掌嘴！」嚇得他臉色灰如土，心頭砰砰跳，再不敢多嘴。

「小的立刻去把人帶到。」老丁急急忙忙走出來，鎖著眉頭來到大街。

「官差爺！」街口邊聽到這喊叫，老丁鬆開眉頭笑：「姑娘回來了，快，大人在問話呢。」

把孫三帶進大堂來，剛好聽見萬掌櫃說：「我被打得全身傷，幾天沒作生意，損失難估計，連本帶利都要他賠。」

縣太爺冷冷哼一聲，轉來問孫三：「孫三，你可認罪？」

孫三跪下來，清楚冷靜的回答：「大人，民女沒有做壞事，當然沒有罪。弟弟把人打傷了，我負責醫到好。」從口袋拿出仙桃，香氣立刻飄滿堂上。她舉起桃：「這是唐村的仙桃，可以治外傷。大人若准許，民女這就為掌櫃治療。」

一青一紅兩顆桃香得大堂內人人陶醉，只有萬掌櫃心惴惴：「大人，他們會害我！」

「孫三，大堂內不可使詐做壞，若出了差錯，你可得罪加一等！」縣太爺提醒著。

「謝謝大人，民女知道。若外傷治不好，民女願意坐牢。」孫三答得很乾脆。看孫三朝自己靠過來，萬掌櫃往後退：「走開，你別過來！」

「官差爺，麻煩您將這桃子擠汁抹在傷口上。」孫三把青桃子交給老丁。

萬掌櫃拆開藥布，露出額頭上一道長長的傷口，老丁手一捏，桃汁滴入傷口立刻不見。一整顆桃捏擠的汁全流進那裂開的膿臭裡。

大家盯著傷口看，一陣煙後，腐肉臭膿都消失了，裂開的皮肉一點一點長合，回復光滑平整，看不出之前破皮流血過。

萬掌櫃小心摸額頭，沒有傷口，敲敲拍拍也不痛，完全好了！

縣太爺問：「如何？」

這桃子真是寶貝啊！瞧孫三手上還有顆大紅桃，香味迷人，若能吃下肚該有多好。萬掌櫃算盤打定，愁眉苦臉說：「大人，我這外傷是好了，可是內傷難治哩。不如，那顆桃子也給我吃了。」

不等縣太爺裁示，孫三遞上紅桃：「就給您吃吧。」

萬掌櫃伸手拿了桃子就咬。喔，好吃！甜蜜蜜的桃，連汁帶肉被他兩三口吃光光，舒服過癮的摸肚皮打飽嗝。

「呃」「呃」「呃」，連著幾十下嗝，萬掌櫃臉脹得紅通通，頭拼命搖，身體一陣一陣發抖。哎呀，是被下毒了嗎？

拿起驚堂木，縣太爺正要拍下，那萬掌櫃突然跪地磕頭：「大人恕罪，大人恕罪，大人，我知錯了！」

「大人，元寶銀兩沒有丟，是我故意藏起來，誣賴孫三是賊，我真不是人。」萬掌櫃痛哭流涕說一大堆。

唷，原來他做賊喊捉賊啊！一輩子都算計別人的壞蛋，怎麼肯認錯賠不是呢？他是去哪裡找到良心了？堂上眾人很意外，眼睛張大豎起耳朵聽。

「大人，我唯利是圖，處處想佔便宜訛詐別人，這回挨揍全怪自己。為了贖罪，我願意捐出一半家產救濟窮困，請大人別判我坐牢。大人饒命，大人饒……」說到最後居然語無倫次了。

呵，真是奇聞。天下第一摳的萬掌櫃，大大方方送出一半家產要濟貧！敢情他的內傷就是「貪」與「吝」！唐村的仙桃把他這陳年宿疾治好啦。

蝦蟆樂園

唐村的娃兒呀，成天笑，白胖細嫩的臉蛋上全都是歡喜開心，沒見哪家小孩淚汪汪過。

桃蹦兒河邊，是唐村孩子們日日都去的好地方。在那裡，蝦蟆大仙藏了很多有趣好玩的事情，等他們去找出來玩。連一二歲的小小孩，也會伸出胖胖小手比著：「鵝邊！鵝邊！」話還不太會說呢，就知道要去桃蹦兒河邊。「去玩！去玩！」手拍著，腳蹬著，抱都抱不住。

看吧，阿宏背著妹妹巧巧，阿招牽著弟弟小小，就是往桃蹦兒河邊來了。前面跑著的是阿胖，高興嚷：「我第一，今天我第一。」他後面跟了阿義，嘴裡也叫：「等等我，等等我。」

巧巧才一歲多，剛會說話，在阿宏背上吵：「走走，走走。」出門講到現在。看看河就在前面不遠，阿宏把妹妹放到地上：「妹，慢慢走，我去河邊等你。」

拍著手，巧巧呵呵呵往桃樹晃過來。桃樹是好東西，不能糟蹋，可是小娃兒抱著樹幹摟呀摟、親呀親，囡囡嬌嬌唔啊嗚哇說一陣，桃樹就心軟了，低下身子趴倒地上，讓巧巧吊吊單槓，爬到桃枝上騎馬馬。

聞到桃子香味，小小掙開姐姐的手，笑呵呵跑。阿招怕他跌倒，要來抱，小小不肯，晃著身子來牽巧巧。兩個奶娃兒圓滾滾，像地上長出兩朵菇。

阿招跑去跟阿宏阿胖一道玩。六七歲的孩子，追追鬧鬧，看得巧巧小小放開桃樹，也顛著腳想跑快。喔唷，小小身子一歪，趴倒了，巧巧穩不住身，也跟著坐到地上。

「弟！」阿招嚇一跳，正要過來抱，地面突然往上鼓。欸，原來這兩朵菇就在蝦蟆大仙的腳趾上。

大仙的腳趾伸長又縮短，巧巧和小小被輕輕舉高再放下，好玩好玩。兩個奶娃兒順著大仙腳趾兒爬，大仙「呼嚕嚕」變把戲，那腳趾兒動呀動，巧巧跟小小像睡在搖籃鞦韆裡，舒服極了。

「我也要！」「我也要！」大小孩子通通吵。

蝦蟆大仙翻個身，肚皮朝天嘓嘓叫：「上來，上來，都上來。」幾個小孩輕手輕腳坐到大仙肚皮上。

一個人坐上去，剛剛好；又一個人坐上去，也剛剛好。阿宏看看，坐到大仙右邊肚皮上；「那我坐這一邊。」阿招爬往大仙左腿上。阿義頑皮，故意躺到他們中間，還是剛剛好坐滿。剩下阿胖，要坐哪裡呢？大家挪挪屁股，讓阿胖坐進來。咦，仍舊寬寬鬆鬆不擁擠，大仙的肚皮，到底能撐多大呀？

「呼嚕嚕」，蝦蟆大仙噴著氣，肚皮慢慢鼓起來。孩子們覺得身體往上升，越來越高，屁股下的肚皮像氣球樣膨大圓脹。他們驚喜的「哇哇」叫，往下看，阿宏背巧巧的花背巾只剩一點紅，阿胖的貨郎鼓看不清啦。

大仙不只肚皮撐大了，連腳趾兒也長大長粗。巧巧和小小胖嫩的小手抱不住了，從腳趾兒頂上滑下來。再跟著，阿招「咻溜」順著大仙的腿一氣兒溜到地；坐在肚皮上的幾個孩子，也四面八方滑落來。「哈哈哈」，大家拍手笑，好神奇唷。

河邊桃樹上，桃子晃呀晃：「還有一個，還有一個。」

咦，阿義呢？「我在這裡啦！」抬頭看，阿義正好溜下來。糟糕，他怎麼朝大仙嘴巴衝進去！

看著阿義被蝦蟆大仙吞進嘴裡，孩子們愣愣怔怔。突然間，「呼」，大仙張開嘴，伸出的舌頭上坐著阿義，乘雲駕魔毯一樣慢慢落了地。

嗄，蝦蟆大仙的舌頭這麼長！

阿義紅著臉，不知道要說「謝謝」還是該道歉對不起！溜滑梯下來，孩子們眼睛亮亮，兩頰酡紅，巧巧小小拍著手：「嗯啊嗯啊」，阿宏阿胖跳著腳嚷：「好玩好玩」，枝頭張望的桃子們學著腔：「好玩好玩，真好玩。」

好玩的事做一次哪夠呀。孩子們笑嘻嘻，又趴到蝦蟆大仙肚皮上。「嘓嘓嘓」，大仙搖搖手：「一個一個來。」

「呼嚕」「呼嚕」，大仙肚皮膨呀捺呀，像毛毛蟲拱起又凹下，把肚皮上的孩子們撓得咯咯笑，慢慢爬，終於也上了肚皮頂。

大仙的肚子高高凸起，像一座山喔！阿宏對著山腳邊阿義的紅衣服揮揮手，「嘓」，屁股下輕輕一震，阿宏「嘩」咻溜溜滑落，頭髮衣服好像飄走了！眨眨眼，他嘎嘎吱吱笑，比山裡的鳥兒還聒噪。

空中飛過的鳥兒，也跟著嘎吱嘎吱叫，原來，拍翅膀的時候加上點哇哇叫，就可以飛得更美妙！

阿胖爬上肚皮山的頂頭。大仙的肚皮「呼」鼓得高高，「呵」癟得凹凹，阿胖

坐在鼓鼓癟癟凸凸凹凹的肚皮上，笑得抓不牢，人往後仰，像蛋一樣從山頂滾下，一直碰到腳趾兒才停住身子。

樹上紅桃子全都喊：「滾蛋嘍，滾蛋嘍，滾來一個寶貝蛋。」

這樣的玩法還是頭一遭哩，阿胖神氣巴咧：「我第一，我第一。」

輪到阿招了。她也像大仙仰躺臉朝天，會怎麼滑呢？阿招還在猜，身體已經往下溜，這回沒落到底，大仙把肚皮到下巴處彎成了眉月彎，她就在這月彎彎裡連著幾趟溜過來滑過去，比阿胖還刺激。

粉桃子們點點頭給評語：「稀奇稀奇真稀奇，滑梯有創意，別人沒得比。」

阿招仰起頭，送給粉桃子們一朵又一朵大大的笑容。

高高興興玩。開心過後，阿宏阿招才想到：巧巧呢？小小呢？怎麼沒聲音！

「妹！」「弟！」幾個孩子幫著找。在哪裡？在哪裡？

「嘓嘓嘓」「嘓嘓嘓」，大仙唱起歌：「娃兒囝仔來唱歌，娃兒囝仔來爬山。爬上山，溜一溜，下了坡，翻起身兒躲摸摸，娃兒囝仔笑呵呵。」桃子們在樹上晃呀晃，跟著唱：「躲摸摸，躲摸摸。」

大仙不但唱歌，還悠哉悠哉搖著腳掌。大家圍著蝦蟆神仙找了幾圈，就是不見那兩個奶娃兒。

會在哪裡呢？阿宏鑽到大仙的胳肢窩去翻。大仙被他搔撓得「嘓嘓」「嘓嘓」響亮的叫，抬起手，沒有啊，大仙眨著眼：「不在這一邊。」

枝上桃子看得清清楚楚：「沒有沒有，這裡沒有。」

會在哪裡呢？阿招鑽到大仙脖子下。那兒空出一個洞，黑呼呼可以藏著人。她進去這摸

摸那戳戳，大仙給這小手搔撓得「嘓嘓」「嘓嘓」又響亮的叫：「欸呀欸呀，不在這一邊。」

幾顆青桃拉著枝條垂下身子看：「沒有沒有，這裡也沒有。」

還是找不到！

會不會在肚皮山頂上？蝦蟆大仙「呼嚕呼嚕」，肚皮鼓的比剛才高又陡，爬不上去了。阿義阿胖撿來樹枝作梯子，架在大仙腿肚邊。大仙手指碰一碰，小梯子變大又變寬，阿義阿胖攀著梯子上了山。肚皮頂上沒有人，往底下看，桃蹦兒河水像條銀帶子，流得靜靜緩緩。

水裡有沒有呢？阿宏阿招要往河裡找。桃樹彎腰伸出枝條，像爹娘一樣攔著抱著：「別去別去，水裡沒有。」

會在哪裡呢？小小跟巧巧兩個娃娃躲在哪裡呢？大仙睜一隻眼閉一隻眼，左邊看看阿宏阿招，右邊瞧瞧阿胖阿義，嘴巴咧開笑咪咪。

「看到了，看到了。」綠桃子在樹上喊。大家抬頭問：「在哪裡？在哪裡？」綠桃子轉圈圈賣關子：「不告訴你。」

孩子們想破頭，什麼地方沒找過？阿招想起弟弟跌倒坐在大仙腳趾兒。她再看，大仙搖著腳掌，腳底下沒人影。阿宏朝那大腳板吁吁吹氣，大仙縮縮腳不吭聲。阿胖阿義往腳趾兒彈彈按按，輕輕細細搔一搔，哎呀呀不得了，大仙踢著腳，「嘓嘓」「嘓嘓」叫得又響又亮。

「鶵邊，鶵邊。」咦，這嬌嬌囡囡的話音從哪裡來？

「去玩，去玩。」又一聲脆脆嫩嫩的嗓音。

大仙的腳趾兒裂開縫，露出兩朵白胖胖的菇，正是那兩個奶娃兒小小和巧巧。

小小孩玩累了，抱著蝦蟆大仙甜甜酣睡，夢裡還笑嘻嘻說話哪。

哈哈哈，孩子們開開心心，捧著肚皮把連成串的笑聲送給樹上桃子們。

「我要我要」，「給我給我」，搶著歡樂無邪的笑聲，桃子們也飄出陣陣香氣，把大小孩子薰染得一身桃香。

樹上樹下個個粉嫩透紅，蝦蟆大仙也嘓嘓笑，桃子、孩子，一樣漂亮一樣寶哪。

孩子不見了

唐村的老少大小，聽到大公雞喔喔叫，趕忙穿戴整齊，趁天邊才透出點亮，早早出門「巡土地」。

附近幾個村庄挑了這個日子，約好在竹子腳庄擺集，大家把能賣要賣的農產糧食五金雜貨帶齊全，做做買賣也熟絡彼此。

唐村人趁機會帶孩子到處看看，把傾倒的樹木扶正，堵住的河流疏通；觀察土地有沒有異狀，大路小徑有沒有改變。順便，也叫孩子給土地神靈磕頭，請土地上的所有生命一同照護孩子。當然啦，還要教孩子認識地形方位，知道哪裡有什麼山林田野河流村落，這才是要緊事。

巡土地，就是去郊遊，孩子們很期待；擺集、趕集，就是去逛街，更好玩，連大人都盼望。兩件事同一天做，那種快樂的心情，比太陽還熱火！

站在桃蹦兒河邊往東看，河過岸去，一大片密麻叢生的雜樹林，林中有條路。

「這小路可以到萬縣，那裡比咱們村子大上兩三倍，有高高的城牆，進出由城門，還得照時間。」順伯指著說。孩子們人矮個子小，天又沒大光，只見到黑呼呼的樹影，縣城再高也看不到。

五歲娃兒阿德，跟在他爹阿隆後邊蹦蹦跳跳，爛漫無邪的朝桃樹林又招手又拜拜：「我要去玩了，我要去玩了！」

「帶我去！帶我去！」一顆青綠綠小的像阿德拇指般的桃仔仔，在他頭上邊搖邊喊。

阿德看它：「你家人讓你去嗎？」咦，桃枝竟然也說話了：「去吧，跟娃兒去吧。」阿德笑瞇瞇：「你跳下來我才能帶你去。」嘿，小桃仔仔果真離了桃枝落在阿德手心裡。

阿德手心小小的，桃仔仔更小。阿德把它放在口袋裡，「我們去玩了，我們去玩了。」

出了村子，往北來到一塊大砂地。「桃蹦兒河在這邊睡覺，什麼大水來到這地上，通通被桃蹦兒河收走。」阿鐵公叫孩子們一字兒排開，給土地跪下磕頭，自己把名字說一遍，很像校場上點兵。孩子們新奇又神氣，存心要比大聲，一個個喊得響亮，把太陽喊出來了，紅紅黃黃的光為白嫩的臉蛋上了層胭脂。

「前面是水停兒山」，順伯指著北邊小土丘繼續說：「翻過山，下去就到竹子腳。下山朝西直走是黃崗子山，西南邊轉去會到栳葉村。」

講了一大堆，孩子們東西南北都弄不清，只聽見「竹子腳庄」這名字，心裡記掛著玩樂，偏偏上到這土丘後，帶頭的阿鐵公不走了。

「這些樹，有點古怪！」阿鐵公問大夥兒：「最近誰來過這兒？」

孩子們看著樹。葉子蔫垂，沒氣沒力的，「他們口渴了。」阿德童言童語：「葉子要喝水。」

「古怪，古怪。」口袋裡的桃仔仔喊著。

大人們仔細瞧。樹幹分叉處都有破皮裂綻，像鑿像劈又像啃，十棵有九棵這般怪。

「前天我來過」，大牛抓抓頭：「沒這樣子。」

順伯檢查這些樹，沒有蟲蛀蟻蝕，地面泥土也找不到獸類畜牲的腳印。會是誰人留的記號嗎？做啥用？葉子軟塌塌又是怎麼回事？

阿鐵公揮揮手：「走吧！」竟不叫孩子們磕頭報名號了。聽到阿鐵公說：「趕集去。」孩子們興高采烈跑下山，把大人留在後頭。

山下黃土路熱鬧極了。有挑擔有推車還有駕騾車載鍋灶的，呵呵，像要辦桌請客。人人見面就招呼：「早呀。」「好久沒見啦。」大爺大娘、阿叔阿伯、姨啊嬸啊、哥呀妹呀、娃兒寶寶，叫的個個好心情，聲音多過泥塵。

幾個村莊的人都往這路上來，高矮胖瘦、男女老少、襖褂衫褲、笠帽巾帕，穿的戴的形形色色全都是風景，比那土地樹木多些色彩、多些聲音、也多些表情。這流動的人潮，迷惑了孩子們的眼睛，也鼓動孩子們的情緒。哎，快點加入這條人河吧，走進人堆裡就是歡慶快樂的開始啦。

可惜，大人們還在那水停兒山路邊走邊聊。孩子們一邊看著數著眼前走過的人車，一邊又回頭瞅瞄父兄長輩，嘴裡呼著、雙手揮著、心裡說著：「行不行走快點呀！」

趕幾個大步，唐村人過來牽起孩子們，「走啦，走啦。」笑嘻嘻加入那流動的風景裡，也加入那聲聲不斷的招呼裡：「金虎哥，您來啦。」「丁大爺，這一陣都好吧。」

有挑著整擔玉米的，人群裡傳出問話：「欸，老哥，您這玉米啥價錢？」竹子腳庄還沒到，生意買賣已經做開來了。

人真是多呀，抓緊父親的衣襬，阿德烏溜大眼靈動轉著。剛才還在身邊的孩子玩伴都被人群隔遠了，阿鐵公在前面跟人說話，貴叔牽著小寶走在後邊，楞子哥比樹高的身影怎麼沒看見呢？阿德前後左右張望，猛然見到一張烏漆墨黑的臉，一眨眼就沒了。

「古怪，古怪。」口袋裡的桃仔仔又喊著。

「有一張黑臉！」阿德扯著他爹爹的衣服大聲說。背著籮筐的阿隆轉臉去找，沒見到，大概是扮戲的，市集上少不了各種表演。「待會兒看戲就見到了。」阿隆告訴兒子。

一路走一路看。雞鴨鵝、牛馬狗都有人賣，還有抱了頭小豬要跟人換騾車的，他說：「咱不想一輩子待這裡，趕車走江湖才有意思。」

有個大叔扛來一張桌子，想跟人換床棉被，也真有人拿棉被來，可惜那位大娘不要桌子：「我缺銀子！」她說得大家都笑。

阿德緊盯著捏麵人，紅綠紫藍黃白一堆顏色的漂亮尪仔，迷住他的心，眼睛久久不眨一下。

「走，看別的去。」被一把抱起來，阿德高興的拍手喊：「去看戲，去看戲。」

「古怪，古怪。」桃仔仔在口袋裡咚咚跳。

看戲不古怪呀，桃仔仔為什麼叫又跳？

「葉子口渴了，它們要喝水。」說什麼呀？回答他的竟是陌生人！阿德忙轉過臉看，斗笠底下一張黑漆漆毛渣渣的臉，胸口和手掌全是黑毛，眼睛綠綠藍藍，又醜又怪，好可怕。阿德一陣哆嗦，人就嚇傻了，不哼不吭，魂魄離了身。

「回來回來，到我身上來！」桃仔仔喊住阿德飄忽忽的魂，小娃兒的魂輕悠悠，變成一絲空氣鑽入口袋裡。

幸虧桃仔仔動作快。黑臉陌生人張開血盆大口，露出尖尖黑黑的牙齒時，阿德沒見到；那怪人伸手拍阿德腦門時，阿德的魂魄早已不在體內。

「睡吧！睡吧！到夢裡去。」桃仔仔咚咚跳，緊緊吸住阿德的魂魄。

做爹的阿隆笑呵呵，忙著談買賣。耳朵裡突然有蝦蟆嘓嘓叫：「孩子不見了！孩子不見了！」扯扯衣襟，下襬被緊抓著，以為阿德還在身邊，做爹的沒在意，繼續吆喝：「買鞋唷。」「便宜耐穿的鞋唷。」

蝦蟆又來嘓嘓叫，這回喊得他什麼聲音都聽不到，只有「孩子不見了」五個字在耳裡嗡嗡響。蝦蟆在罵他哩！

說我嗎？阿隆伸手去牽兒子，咦，抓空了，阿德呢？低頭看，下襬被根針或刺的怪東西縫釘在褲腰，難怪他老以為兒子扯著衣襬。

「阿德！」「阿德！」丟下籮筐，這個糊塗爹心慌意亂，見人就問：「咱的娃兒呢？」「有誰見到咱家阿德？」

人多消息傳得快，丟掉孩子的事大家都聽說了。戲照樣看，攤子繼續逛，吃喝玩耍仍舊，只是，所有小孩全被大人緊緊牽著、牢牢盯著，甚至就抱在懷裡、舉上肩頭，再不能自己跑跳嬉鬧了。

小娃兒跑去尿尿嗎？還是被哪個攤位迷住了？再不，是跌進哪只籮筐裡？眾人幫著想也幫著找。「阿德！」「阿德！」這娃兒究竟在哪裡？

收驚保平安

竹子腳庄擺集這天，順伯和楞子跟村人下了水停兒山，先繞小路去巡土地。等回到竹子腳庄外竹林邊，突然聽見嘓嘓聲，急促緊湊，就在兩人身旁拔高調門兒叫。嚇人咧！

前頭來個人，斗笠壓低蓋著臉，手上抱個孩子匆匆趕路。「攔著他！攔著他！」蝦蟆大聲叫，順伯跟楞子忙往路中間站。那人停住腳竟不說話，順伯只好先開口：「大爺好，請問……」楞子看那孩子，圓溜溜的大眼空洞洞，珠子不轉眼皮不眨，臉上呆呆木木，張著嘴沒聲音也沒表情。病了嗎？

楞子接口問：「大爺，您這孩子怎麼了？」順伯飛快瞄過孩子的臉，咦，「阿德！」神情不像，卻分明是村子裡阿隆的五歲兒子。

這一喊，楞子也認出來了：「阿德，你怎麼……」沒說完，那個人丟石頭一樣把孩子往路邊扔，順伯忙過去接。楞子搶上前要抓他，才碰到手，「扣」一聲，斗笠掉落路面，那人竟然消失在空氣中，四周圍連個影子也沒有。

楞子清楚感覺手上毛刺刺，剛才那一抓，摸到的不像人的手！

順伯及時抱住阿德。這孩子不叫也不動，軟塌塌像麻糬，昏死了。

蝦蟆又叫了：「斗笠！斗笠！」

楞子和順伯轉頭看，那頂斗笠貼著地，一分分一寸寸移動，之後陡的一掀，黑黑一團東西「忽！」飛進竹林，兩個人都沒看清那是什麼。

古怪透頂，邪門得很！

抱緊阿德，楞子邁步跑向竹子腳庄，順伯在後緊跟：「快，到了集上先找阿鐵公和阿隆。」

神情沮喪的阿隆，正在人堆裡鑽過這個、閃過那個，左邊看右邊望，急著找孩子，幸虧阿鐵公拉住，他才沒一腳踩進熱油鍋。

「還說要帶他去看戲呢！」阿隆怪自己疏忽兒子。想起阿德見到大黑臉的事，哎呀，「會不會是被壞人擄拐了？」

唐村每個娃兒都有蝦蟆爺守護，「不會有事的！」阿鐵公拍拍阿隆。

「阿鐵公，阿隆叔，阿德在這裡！」楞子的聲音叫得阿隆精神一振。

「阿德！」見到孩子，阿隆眉開眼笑伸手來抱。「欸，阿德，去看戲囉，爹不作買賣，咱們去逛熱鬧。」他邊哄邊接過孩子。碰到手後才警覺不對勁，這個身體軟癱神態呆癡的孩子，跟阿德活蹦靈巧的模樣差多啦。

「這不是我的娃兒。」阿隆搖搖頭。可是再細細端詳，那濃黑粗眉、耳垂上一顆痣，只有阿德才有，是阿德沒錯！他剛上臉的笑容又不見了。

「阿鐵公，」順伯這時才趕到：「阿隆，這孩子怕是遇到邪祟了。」

退到路邊，順伯把發現阿德的經過說完，阿鐵公點點頭：「真要撞著壞東西，那得回村子請蝦蟆大仙解救了。暫時，先收收驚吧。」

還有，水停兒山上是有些古怪，「我看，通知咱村子的人，趁日頭大，早些過山回唐村去。」阿鐵公說。

簡單明快做出決定，順伯和楞子分頭去通知大家。聽曉阿德的狀況，唐村人再無心逛市集做買賣，很快收拾妥當，三三兩兩往山腳下來。見到原本伶俐乖巧的孩子變得呆呆傻傻，個個擔心難過，只想快點回家去。

貴叔會收驚，拿出米盞用阿德衣服包著，前胸畫三圈，後背畫三圈，頭頂畫三圈，米粢貼在阿德頭頂，貴叔唸著：「天靈靈地靈靈，天地神靈來照應，娃兒阿德莫心驚，三魂七魄回轉身。」重複做三遍後打開衣服，碗底下的白米全翻上來，跟頂面的黑豆紛紛亂亂、混在一起！「唉！」搖搖頭，貴叔重重嘆氣：「嚇著驚著，魂都散去收不回來了！」

阿隆和順伯鎖起眉頭，阿鐵公沉著臉：「回村子去！」轉臉跟大夥兒叮囑：「路上別說話，孩子看緊些！」

唐村人腳程快，加上心裡急，走路如飛，小孩全被放入籮筐挑著背著。阿篤和楞子刻意陪阿鐵公走在後頭，孩子是爹娘的寶，老人家是全村子的福，都得照顧好不能有閃失。

踏在砂地上，聽見蟈蟈蟈熟悉的蝦蟆叫聲，大人小孩不約而同鬆口氣。順伯教大家，用桃蹦兒河水把全身頭臉拍一拍，清涼的水抹過後，心頭總算安定了。

貴叔捧起一抔水，往阿德嘴裡灌一些，又朝他頭上淋一些，再沾水拍遍阿德全身和手腳。

一滴河水跳進阿德口袋裡，吻著桃仔仔：「沒事了，沒事了。」

很快聽到「嗤」「嗤」聲，縷縷淡淡的黑煙從阿德腦門冒出來。

桃仔仔吐出長長一口氣，咚咚跳：「回去回去，到你身上去。」

不多時，阿德手腳能動眼珠會轉了，嘴巴打開第一句話就說：「有黑妖怪！」小臉青刷刷，全身皮皮剉，三魂七魄找回一半來。

「莫驚莫驚。」阿隆抱緊兒子，心疼得紅了眼眶。來到桃樹林，面對河水，阿隆抱著孩子跪下直磕頭，全村人也跟著跪拜。

「蝦蟆大仙，求求您，孩子著了邪祟受驚嚇，失魂落魄走了樣，求大仙救救阿德娃兒，把邪祟妖怪驅化……」

沒等阿隆說完，河面上升起一層水霧，蝦蟆大仙的聲音出現了：「娃兒囝仔們都過來，圍著阿德一同坐下。」

大小孩子還有襁褓中的奶娃兒圍了個圈，大人們跪在圈外合掌拜。水霧飄過來把孩子們全罩住，大仙柔柔緩緩說著：「娃兒囝仔不用怕，巡土地趕市集，遇到古怪不稀奇，先把快樂事情從頭想起，一件都別忘記。」

水霧中亮起紫色光彩，大仙的話更柔和了：「阿德阿德別發呆，把你見到的事情說出來，可怕的時刻別漏掉。阿德阿德別發呆，快快跟著娃兒囝仔趕妖怪。」

大仙抱起阿德輕輕拍，阿德清亮脆嫩的聲音在顫抖：「他不是爹爹！他是黑妖怪！」大仙舌頭一伸，這些字句都被祂吞進肚子去。阿德又發抖：「有一張大黑臉！」大仙哈出一口氣，把這幾個字音吹散了，阿德再也想不起妖怪的樣子。

孩兒們眼前出現一顆大桃子，飄浮旋轉著，先是紅色桃子，又變成黃色桃，隨後換成粉的、綠的、橘的，漂亮極了。阿德想起揑麵人的彩色尪仔，小寶記起耍盤子的人身上綠衣裳。

「娃兒囝仔都來想，快樂事兒不要忘，桃子幫你記得牢，吃下肚裡樂陶陶。」大桃子唱起歌，在每個孩兒面前咚咚跳。歌聲清亮悠揚，孩子們不斷記起市集上每一個歡笑有趣的時刻，只要誰想到什麼趣事，桃子就到他面前跳跳然後又長大一些。

「桃子會長大唷，快快想，把快樂歡喜送給桃子，讓桃子吃下好心情，長成可愛大大桃。」蝦蟆大仙說著，伸手去抱大桃子。哎喲，快抱不住啦，孩子們看得咯咯笑，想到更多好玩好吃好笑的事情。

蝦蟆大仙跟著桃子飛上空，所有眼睛也跟著往上看。大桃子開始閃閃發光，「砰」，桃子炸開來，爆出燦爛的五彩煙火，每一個光點落下後都是一顆粉粉嫩嫩的小桃子。

「哇！」孩子們歡呼鼓掌。小桃子飛到他們面前，一人一顆，香氣引得口水直流。「吃吧，吃吧。」桃子們喊著，孩子們忍不住張開口。

香香的桃子甜蜜蜜化成汁，嚥入肚裡也流進心裡。紫色光霧中，趕集的每一個歡樂場面輪番出現，各種新奇逗趣把戲讓孩子們全都笑呵呵。

水霧和光霧也把大人們籠罩住。柔柔的紫光映照所有人，空氣很香很甜，周圍一片寧靜，恍惚中有好聽的樂音傳出。再沒有誰驚疑害怕、擔心憂煩了。

「娃兒囝仔都已忘記，可怕的事就莫再提起。任何邪祟妖怪都有顧忌，只要護生惜物順天應理，自然能夠逢凶化吉。」蝦蟆大仙開導完，光霧水霧都退去，孩子們歡喜的過來找爹娘。

阿德緊握白胖小手，跑向阿隆後清朗亮脆的說：「爹，蝦蟆大仙要你把這個帶著，片刻不離保平安，三天以後再種下地。」長長一串話，字字清楚不含糊。阿隆高興的抱起兒子：「好，聽你的。」小手打開，是一顆桃子核兒，阿隆把桃核放進口袋裡：「我就三天不脫這衫褲。」

大夥兒歡喜回家去，竟然都沒有人問：為什麼阿隆需要保平安？

張道士捉妖

水停兒山腳下，張道士放慢腳步擦擦汗。屁股有些痛，他揉一揉，搖頭苦笑。

昨天夜裡，蝦蟆來教訓他：「道士道士該打屁股，符水沒有好好保護，養出一隻大怪物。道士道士該打屁股，不知快去收服還在床上打呼，出了人命責任要你負！」

以為是作夢，誰知道真的挨揍！憑自己的能耐居然也躲不開，張道士著實吃驚。

「張道士，快去唐村收回你養的怪物，別讓它再驚嚇生靈。」蝦蟆最後這樣交代。從頭到尾完全是訓斥的口氣，儼然是他張道士的祖師爺！

蝦蟆力道真大呀，屁股被打得坐下就痛，碰到東西也痛，走路才好些，走越快還越輕鬆，逼得張道士出門不坐轎騎馬也不乘車，兩腿走得飛快趕來了。

蝦蟆要我來收服的東西，跟我的符水什麼關係呢？說我養一隻大怪物，實在沒道理！

他邊想邊走，才上到水停兒山，立刻察覺樹林裡透出邪氣。肉眼看，樹木沒了生機，像人沒了精神意識。他凝神調息，打開法眼細細瞧。咦，樹木都被扣上符咒，封住魂魄。那符咒卻不知什麼手法工具弄的，古怪又邪門！

把那樹皮上的符咒仔細研究好一陣，張道士恍然大悟：這是自己作法引魂用的符嘛。只不過其中幾個字被畫反了，也許是故意，也許是弄錯，就變得凶煞邪惡了。

這發現讓張道士不敢輕忽，取出寶劍作法護住全身，正要動手收回符咒，突然腦後有風，護體的元氣不斷震盪。張道士忙踩七星步，左移右閃，左手捏訣右手寶劍畫出八卦式，「咄！」大喝一聲，寶劍朝背後指去，人也立刻轉身。

有個黑影往竹子腳庄疾飛而去，剛才發出的制煞訣似乎沒打中，張道士沉吟一會兒，決定先到唐村走一趟。

日頭已落山，過了大砂地，天色昏濛濛了。張道士聽見蝦蟆聲，在他前方嘓嘓叫：「往這邊走，往這邊走。」

隨著蝦蟆聲，張道士走入一片樹林中，桃子香濃郁撲鼻，他暗暗驚奇：唐村的桃子，不是俗物喔！嘓嘓聲這時停了，林中黑暗不見五指，一道淡紫光線在他前方一尺遠亮起，為他照明引路。

來到一處空地，紫光不見了。漆黑中，張道士感覺有「蚩蚩」的氣流聲，他端坐凝神，調息一陣後入了定，這才看清對面坐著一隻大蝦蟆，全身紫光繚繞、威儀莊嚴，眼睛炯炯發光盯著他。

「張道士，你的祖師爺見了我還得磕頭哩。」

嗄，道士嚇一跳，忙跪下：「大仙，小的道行不夠，還請指點。」

「怪物從你那兒偷取符水喝，又學你的符令咒語，這些你竟然都沒發現！」幾句話說得張道士冷汗直流，想不到怪物真是被自己養出來的！

「罪過罪過，是小的疏忽，不知道怪物是什麼來歷？」

「等你抓到他就明白了。」大仙岔開話：「你把後腦勺那根刺拿下來。」

刺？後腦勺？張道士莫名奇妙，伸手往腦袋摸。呀，真的有根扎手的東西。小心取下拿到眼前，黑黑尖尖、周邊有細刺，怎麼會有這東西？

「你跟怪物交手時，他故意留的。」大仙搖搖頭：「看樣子，他若要你的命也不難。」

張道士被說得慚愧臉紅，吶吶回答：「這麼說，怪物還會再來。」

「已經來了。」

啊！道士很吃驚，正要起身，卻被大仙制止：「別亂動，這裡很安全，他看不見聽不到也進不來。」

「可是……」

沒等張道士再開口，大仙神情嚴肅的指示：「你仔細聽好。明天一早……」

黑夜中的桃樹林靜悄悄，沒有光沒有風，一個黑影在唐村上空盤旋飛繞，低聲喊著：「腳毛腳毛，快出聲；腳毛腳毛，快回應。」身子下頭是一大片樹林，他射出綠光投向樹林。

「明明在這裡！」怪物暴躁的咆哮：「腳毛，快告訴我，你在哪裡？」

為什麼兩次的「鎖命符」都失效？昨天釘在那個糊塗爹衣襬上的鎖命符，帶他找到這片樹林後就再沒訊息。剛才發第二個鎖命符時，自己還特意加強法力，也順利釘在道士後腦門，可是來到這裡後怎麼又失去感應！

「腳毛！腳毛！」連續呼喊幾次都沒有光也沒有聲響，莫非底下這一片樹林有問題？

「走著瞧！」黑影忿忿說完，飛離唐村。他一路桀桀獰笑，連夜空的星星都瑟縮黯淡。

等邪惡的凶光再射不到樹林，空氣再沒有半絲兒腥臭，唐村的屋舍才又重新出現。

桃蹦兒河邊，蝦蟆大仙交代張道士：「樹木也是生靈，別忘了為它們消災解厄。」

「是。」恭敬回答後，張道士又問：「請大仙指點，這怪物收服之後要如何處置？」

「這就看你們祖師爺如何教徒子徒孫的啦。」大仙答得輕鬆嘻笑，張道士心裡叫苦：這分明是考驗我的腦袋嘛！

天亮前，張道士離開樹林。先照大仙指示，把取下的那根刺用符紙包住，唸動咒語封住它的法力。燦亮的晨光中，張道士再度走上水停兒山。

取出大仙交給他的一顆白桃子，將符紙連同黑刺插進桃子裡。符紙自動起火燃燒，黑刺隨即被桃子融解吸收，整顆桃子變成紅褐色，飄出一種果子熟爛的酸腐臭味。

把這桃子放在地上，張道士又拿出一紙「隱身符」，寶劍穿過符紙後唸動咒語，把自己隱去身形。準備妥當，張道士坐下來，劍橫放腿上，靜靜等候。

不多久，地上桃子嗡嗡出聲，聲音漸漸變大，桃子跟著晃動起來。張道士眨眨眼，一個戴斗笠的人瞬間出現在桃子前面。

張道士握住寶劍正要掐訣，「且慢。」嗄，大仙也來了嗎？張道士鬆開手。

轉頭四下左右查看，確定沒有問題後，斗笠客低頭看桃子。迎著他的眼光，桃子用力擠出身上每一絲氣味，向怪物笑嘻嘻招呼。

爛熟桃子的味道很香，正合胃口，他伸出毛茸茸長滿細刺的手，桃子立刻飛向怪物。「吃吧，吃吧，這是你最喜歡的食物。」熟到臭酸卻依然有著香甜的吸引力，怪物把臉靠近桃子不停嗅聞。

「吃吧，吃吧。」桃子又甜又酸、又香又臭的挑弄，怪物忍不住了，猛地把桃子往臉上貼。

斗笠掉落地，露出一顆黑頭顱。

「動手！」

張道士的動作跟大仙的聲音同時發出。持訣、唸咒、步罡、寶劍橫掃而去。怪物正沉醉吸吮桃汁，被寶劍結實擊中，騰空飛出，釘在一棵樹幹上。「現形！」張道士大喝一聲，揭去隱身符，寶劍在怪物身上畫出奇怪符文。

乍見張道士，怪物還想反抗，不料法力完全被制住，猙獰嚇人的黑毛細刺被寶劍符令燒得精光，一陣臭氣熏天的黑煙過後，怪物不見了！

他在哪裡？脫逃了嗎？張道士震驚又洩氣。

「行了。」聽見大仙的肯定，張道士仔細往樹幹找。

一隻超大黑頭蒼蠅貼在樹上，想飛卻動不了。喔，原來是蒼蠅變的，難怪可以偷喝符水、偷學法術卻沒被發現！只不過，這樣人頭般大的身體也還是嚇人哩。

張道士不慌不忙，拿出準備好的「遺忘符」貼在牠頭上。想一想，又掏出一紙「瘦身符」往蒼蠅身上按。

雙手捏訣唸完咒語，張道士大喊：「急急如律令！」

樹上的超級大蒼蠅一寸一寸縮小，終於變成普通小蒼蠅，再也不怪了。

「把你學的法術符咒都忘記，急急疾！」桃符劍再畫出符令，小蒼蠅連轉了好幾圈，落到地上。

「忘了就好，去吧。」張道士一揮，蒼蠅慌忙拍翅飛走。

聚集元氣，他腳踏天罡雙手持訣，唸動除煞解符咒語，身隨劍舞快速穿梭在樹林中。所有樹幹上的符咒一一著火燒化，樹皮恢復原貌，陽光下，樹木甦醒過來，每一片葉子都晶亮翠綠，重新舒展搖動。

「換我睡了！」累壞了的張道士往地上躺。才閉起眼睛身子就一陣輕飄飄，嚇得他又睜開眼，還有怪物嗎？

咦，他怎麼是躺在自家床上？枕頭邊還有兩顆香噴噴的大紅桃！

「道士，辛苦了，送你回家呼呼睡，兩顆桃子為你解疲累。」大仙的聲音讓張道士搖頭：唉，大仙，你才是最可愛的大怪物，佩服！佩服！

皇帝的壞毛病

這天底下，再沒有哪樣東西能像唐村蝦蟆仙桃一樣神奇的啦。

吃過的人這麼說：能減肥能增胖；有病治病，任何疑難雜症只要吃下一顆唐村仙桃，準定症頭全消包你活跳跳。沒病的人吃了更好，強身壯膽，好處多多。

「吃了能長生不老嗎？」「那桃子讓人青春永駐嗎？」這麼問的人，有些是冷言不屑，有些是貪心不足。

唐村人一概笑呵呵，誠實回答：「人哪有不死的！桃子吃再多，一樣會老會死嘛。」唐村幾代繁衍下來，是有長壽人瑞，卻沒有不老不死的長輩。

只可惜，誠實的話沒有人相信。大家都傳說，唐村這桃是天上王母娘娘的蟠桃種，是仙品。既然有人吃過，也真靈驗神奇，名氣就越傳越響，弄得無人不知無人不曉，連高高在上的皇帝都耳聞了。

「唔，若真有這種仙物，那就拿來給朕嚐嚐。」龍座上的皇帝輕輕一句話，底下的大臣百姓立刻忙翻了。

「的喀的喀」，馬蹄飛踏，派出的專差騎著駿馬，十萬火急趕往張縣。

多年前朱員外義賣仙桃，把款項賑濟張縣災民，這事情張縣大人小孩都知道。「朱員外，就請你去唐村走一趟吧。」縣太爺安頓好專差的歇宿，忙著來找朱員外。

於是帳房先生騎上馬，「的喀的喀」馬蹄飛踏，匆匆來到唐村。

蝦蟆仙桃有脾氣，熟透摘得下來的只有七顆小嫩桃，正好盛滿一只錦盒。站在桃樹下，帳房先生謝過唐村人，又向桃樹彎腰鞠躬：「多謝多謝！」馬蹄急急踏，「的喀的喀」趕回張縣。

見到帳房先生回來，朱員外和縣太爺鬆了口氣，等香味沁入鼻間，這兩人都笑開懷：「可以交差啦！」

聞見撲鼻的桃子香，專差不敢耽擱，千里飛騎又「的喀的喀」疾馳回京。

錦盒捧入宮裡，桃香一路飄出，越久越濃。來到皇帝面前，甜香芳郁的氣味立刻驅走皇帝的心躁氣悶。

掀開蓋，彩虹出現，七顆桃子閃閃發光各自一色，紅橙黃綠外竟然也有藍桃靛桃和紫桃。「唔，這倒稀奇！」不但香氣醒神很難得，這樣彩虹桃果也還沒見過。

只可惜，被國事煩亂的皇帝已經多日不得安眠，桃子的七彩虹光也只短暫留住皇帝的凝目注視，接連瞥見的大臣和收下要看的呈摺，讓皇帝再沒空去瞄那錦盒裡的桃子。

等看完聽完所有報告，皇帝長長吁口氣。哈，難得今日腦筋清醒心神篤定，積放多天的奏摺全都處理妥當。無事一身輕，皇帝躺上臥榻便就闔眼想睡。「皇上何時用膳？」伺候的宮女太監早等在一旁，皇帝揮揮手：「不餓不餓，都下去吧。」

宮裡靜悄悄，滿室桃子香陪著皇帝入睡。沒有煩憂牽掛，沒有胡思亂想，這一覺真是好眠！總管太監幾次來探視，皇帝始終枕著手側臥微微笑，睡得甜又沉。

「皇上，皇上！」呼喊聲闖進皇帝的睡夢裡。

「唔，朕要休息。」翻過身，皇帝繼續睡。

「皇上，皇上！」錦盒裡的桃子透出光芒合成一道彩虹，伸到皇帝腳下，桃子香撓著皇帝：「去玩，去玩！」彩虹像車轎鑾座，把皇帝帶向空中。

低頭看，先見到皇宮和京城，往旁邊看，又見到京城外的田野和道路。「這是朕的天下」，皇帝看著美麗河山，說不出的驕傲：「朕的天下，安定昌盛！」

「皇上的天下，也有鳥不語花不香的地方！」直率的話打斷皇帝的興致，轉頭看，彩虹另一端有隻頭頂金色光輪的蝦蟆在說話！

「大仙為何說笑？」國土上，明明百姓勤奮營生，到處市景繁榮，哪裡有荒弛了呢？

蝦蟆頭上的光輪閃出智慧光燄：「皇上，你聽不見鳥語，聞不到花香，你的心田荒蕪空虛！」

彩虹飛移。皇帝看見野草如茵繁花似錦，綠蔭連綿裡有屋舍炊煙；聽見群鳥啁啾，小河溪流潺潺涓涓，雞啼狗吠、蟲嘶蟬唱。

蝦蟆舉起手，彩虹帶著皇帝升空，很快走遍國境。日升月落時序更迭，皇帝看著他的子民和江山，歷經煦春暑夏涼秋寒冬，青翠蓊鬱金黃皓白。

「看看自然美景，聽聽天地萬籟。皇上，這才是百姓的生活！」蝦蟆收起金輪光燄，沒去身形，只剩撲鼻桃香瀰漫繚繞。皇帝看著底下這片景色，天地廣大，人間渺小啊！

彩虹逐漸縮短，來到皇帝面前變成七顆光球，仔細看，竟是躺在錦盒裡的七顆小桃子。所有絢爛都歸平淡！皇帝啞然失笑：「朕懂啦。」

周遭靜悄悄。皇帝在桃子陪伴下安穩酣睡，這一覺好眠卻驚動了宮裡宮外。

「皇上病了嗎？」皇后找來御醫守在御榻前。

「御膳不合口嗎？」御廚守在榻下向總管太監請教。

御醫不懂！皇上鼻息均勻、神態安詳、臉色溫潤，是睡著沒錯，但已經六個晝夜，睡這麼久，莫非中了七日斷魂香？

總管也不懂！不吃不喝能撐多久？自己肚子一餓就睡不著，夢中也會醒來找吃的，皇上沒進飲食就入睡，已經六天還不醒，難道是在練功？

一群人圍在臥榻旁，猶豫著要不要張口出聲？叫醒皇帝好不好？

「不好，不好。」皇后搖搖頭。皇帝有口臭，醒來時更臭，曾經把她臭得想吐，睡這麼多天，皇上再開口一定會臭死人！

「小心，小心。」總管搖搖手。皇帝有起床氣，每次睡醒後起身更衣都不理人，睡得這麼甜被叫醒來，皇帝一定會把人罵死！

「麻煩！麻煩！」御廚敲敲頭。皇帝愛挑嘴，酸甜苦辣都拒絕，肚子空這麼久，口味要小心拿捏，免得皇帝把我嫌死！

「可是，可是……」宰相也來到御榻前，抓著鬍子皺眉頭。皇帝愛點名，文官缺席武將遲到通通被降級摘帽，如今皇上整整六天沒上朝，責任到底該誰挑？能把皇上降到哪一級？

「為難！為難！」御醫搖頭又搖手。皇帝的失眠症頭始終治不好，難得睡入眠，萬一叫醒後又喊睡不著，皇帝會把我怪死！

十隻眼睛盯著皇上看，誰也不敢有動作。可是眼睛會說話，它們通通喊著：「皇上！皇上！」

「唔」，皇上這聲回應嚇了眾人一大跳。好香的口氣！大家忍不住深呼吸，哇，是濃濃的果子香，還有花香草香，又有水流的清涼氣息。

睜開眼，一二三四五顆頭顱掛在他臉上，皇帝也嚇一大跳：

「嗄！」

「皇上，您醒啦！」「皇上醒了！」七嘴八舌的聲音讓皇帝愛笑：「唔，朕只不過睡一下，何必緊張呢？」

不緊張！不緊張！大家搖手搖頭跟著笑。皇帝醒來會跟大家笑，口一開就有香氣飄出來，跟平日那個睡醒就打呵欠，睜開眼就臉臭口臭的天子爺完全不一樣！

御醫為皇帝把脈、檢查身體：「皇上的脈象年輕十歲，可喜可賀。」

「高明高明，御醫辛苦了。」皇帝微笑點點頭。

吃過飯，皇帝笑呵呵：「好吃好吃，御廚辛苦了。」

總管太監來請皇帝漱洗更衣，皇帝連連說好：「舒服舒服，總管辛苦了。」

上朝聽政，皇帝朗朗爽爽，對著六天來代理朝政的宰相笑：「能幹能幹，愛卿辛苦了。」

皇帝接著說：「天下百姓都辛苦了，朕要將田賦稅租都減半。戍邊的官兵更辛苦，朕也要加倍犒賞。文武眾卿全年無休實在辛苦，明天起免朝六天，大家好好休息吧。」

破天荒頭一遭，全國每個人喊完「萬歲」「萬歲」後，又自動加上「智慧」「智慧」！

哇哇哇，唐村的桃子除了好吃好看好聞，還好聰明又好本事！教皇帝把壞毛病都改過來了！

不賣唐村不賣仙

唐村娃兒們在桃蹦兒河邊，摸著桃樹學數數兒，摸一棵數一下，高高興興在樹林裡繞來繞去。

他們經常算亂了數兒，桃子就來笑：「錯了！錯了！」「落數了！落數了！」看著樹上桃子嬌嫩香郁的搖來晃去，一分神，小娃兒忘記數到多少了，更沒辦法接下去。

阿祥邀胖阿福：「咱們來比誰數得好！」

「怎樣叫數得好？」胖阿福問。

當然是要快又正確，還得每棵樹都摸到咯。

這好玩！旁邊孩子伴兒拍手喊加油，棵棵桃樹站得直挺挺，等他們來點名。桃子們笑呵呵：「還有我！還有我！」「這裡！這裡！別漏掉哩。」

阿祥臉蛋紅通通。他怕數錯，手指頭兒也幫著記，一個十兩個十的彎拗。

胖阿福滿頭汗。算術他最厲害，數數兒沒困難，可是還要摸到樹，挺累的。

阿祥先到一步，不料胖阿福先喊出數：「九十九！」

「九十九！」阿祥的聲音被阿福的腳步踩正著，這，要算誰贏呢？

哈哈哈，孩子們很樂：「沒輸沒贏！」「兩個都不對！」

怎麼會？

咱們唐村有百多棵桃樹，你們數的都沒到百，哪裡對？

「不信，大家唱數算一遍。」阿祥很委屈，阿福也不服氣。如果有錯，怎麼兩人都說九十九？

幾個娃兒大聲唱出數，果然還是九十九。咦，真的不滿百！

正在說奇怪，三個陌生大漢走入桃樹林，扛著鋤頭圓鍬拎著繩索麻袋，像要來做工。

「大爺好，你們要做什麼？」阿佑笑嘻嘻大聲問。

黑臉矮個子瞪起眼：「小鬼真囉嗦。」

瘦高個兒嘿嘿笑：「我們來要債。」

「少廢話。」光頭胖子粗聲粗氣：「猴囝仔都走開，別礙著大爺。」

孩子們才不依哩。「這是我們村子，大爺要做什麼？」娃兒囝仔圍著三個大人問到底。

放下工具捲褲管，光頭胖子不答腔。黑臉矮個子打量桃樹，瘦高個兒伸手就摘桃，全都不理人。

「大爺，桃子沒熟透不能摘！」看他硬要拔桃子，阿佑急得喊。瞧見陌生人沒好意，阿祥轉身往村裡跑。

黑臉矮個子舉起鋤頭就來挖，桃樹被扯得唰唰響，阿福連忙來阻擋：「大爺，桃樹要愛護，您不可以傷害這些樹！」

「滾！」光頭胖子兇狠狠推開阿福，還吼得地動水搖。

「哎喲」，阿福一屁股跌坐地上，孩子們趕快來扶他。

桃蹦兒河突然「潑拉潑拉」飛起成串水花，一顆一顆變成石頭，朝光頭胖子扔砸。

「唉唷！唉唷！」光頭胖子十根手指通通被打到，還有一顆石子兒不偏不歪飛進他嘴裡，「喀！」敲斷他上下兩顆大門牙。「咚、咚、咚、咚」，石頭掉落地，又化成水珠滲入土裡去。

瘦高個兒停住手，黑臉矮子放下鋤頭，缺牙的光頭看見自己雙手腫成大饅頭，痛得哀哀叫。

村裡管事的楞子老爹光著腳，跨大步趕到。邊招呼邊打量：「三位大爺好，歡迎來唐村。孩子們不懂事，跟大爺們叫叫嚷嚷真失禮。請到村子裡喝茶水，坐坐歇歇。」

娃兒們這時靠到楞子身邊：「老爹，這位大爺欺負桃子！」「那位黑臉大爺要挖桃樹！」阿佑阿福氣呼呼說。

「嘿」，瘦高個兒把手中桃子砸到楞子腳前：「什麼寶什麼仙，少來騙！這桃子臭酸腐爛不值錢，虛有其名只會訛詐錢，呸！」

黑臉矮個子瞪起銅鈴眼：「大爺來討債，挖了桃樹看能不能抵賬。想不到唐村用邪術欺負人還理直氣壯，當真不要臉。」

楞子老爹把娃兒們都拉到身後，挺直腰桿亮著眼神說：「請問大爺，要債欠賬這話怎麼說？」

光頭胖子冷冷笑：「哼，糟老頭，回去問問你們村子的人，別老糊塗啦。三天後大爺帶人來要錢，沒有銀兩就拿村子抵。」

「大爺，這事情恐怕有誤會……」楞子還要再說，黑臉矮個子撿起地上工具，沉聲打斷他：「跟你們村裡講，欠債要還，唐村人別想賴。」

瘦高個兒嘿嘿嘿：「只怕這些桃樹都還抵不了債！」

光頭胖子沒再開口，鼻子裡重重哼一聲。三人掉頭就離開，來的時候不懷好意，走的時候怒氣沖天。

「老爹，他們好兇啊！」娃兒們圍著楞子，一五一十把事情頭尾細細說。

桃樹剩下九十九？楞子也奇怪，整片林子看一遍。

自己小時愛爬的那棵老桃樹，是阿楞爺爺種的，還在。

阿隆叔親手種的那棵桃樹，是當年蝦蟆大仙為他兒子阿德收完驚，給他保平安的桃核長成的，也在。

皇帝種的七棵桃樹也都在。跟其他桃樹比，這七棵算年輕的啦，或許是天子親手挖土栽種的關係，它們粗粗壯壯長得特別好。

看來看去，沒見到順伯種的那棵胖嘟嘟、樹杈低低可以坐人的大樹王。

阿鐵公生前最愛的那棵珠珠桃也不見了！珠珠桃樹結的果實小小巧巧，陽光映照下亮亮粉粉的像珠子，阿鐵公就給取了這名字。

阿鐵公、阿楞爺爺、順伯和阿隆叔、貴叔他們都先後作古去天上啦，可是桃樹沒病沒蟲一向健康強壯，怎麼會沒了、少了？

聽說有人來討債，全村子人都想不透。唐村子孫規矩安分，誰人會做這種欠錢賴賬的事！

會是大榮嗎？還是保吉？他倆到張縣去，半個月沒回村裡啦。

「阿海到萬縣打零工，」做爹的阿勇嘆氣：「不知真或假。」兒子從小就常惹事，難怪他擔心。

「什麼真的假的？」爽朗的聲音闖進來。咦，「阿篤公回來了！」認出聲音也認出人，大家驚喜來招呼。

阿篤笑嘻嘻：「別忙別忙，看看這又是誰？」手往後一指，喲，兩個好幾年沒出現的臉孔引出大伙兒熱情歡呼：「大牛爺爺！」「棒子頭大爺！」

聽過楞子老爹講古的娃兒們，張大眼睛興奮看著這幾位故事裡有趣可愛的老人家。

「蝦蟆爺通知我們趕回來！」坐定後，大牛問：「出了什麼事？」

楞子簡明扼要說一遍：桃樹變少了；有人來要債，說唐村人欠錢沒還。

「一個胖子、一個瘦子加一個矮子，對不對？」阿篤說得楞子很驚奇：「你認識？」

「大榮和保吉被他們騙了！」

那三個人說動大榮，收下錢兩後摘桃子給他們賣，卻故意拿別處產的爛桃子摻雜，再責怪大榮不老實，給假的仙桃。保吉怕大榮吃官司，又摘桃子給他們，一樣被坑陷，還硬逼著大榮保吉，趁夜裡偷挖唐村的桃樹給他們賠償損失。

「離開唐村的土地，二十幾棵桃樹全都枯死。大榮和保吉看著難過又害怕，跑去張縣找我想辦法。」阿篤搖搖頭：「那三個人呀，我暗地裡打聽，根本就是官府在捉拿的江洋大盜。」

「大榮和保吉呢？」大家到處看。

「被蝦蟆大仙派去辦事了。」接口的是大牛：「他倆跟我一起回來。我把他們帶去河邊向大仙磕頭認錯，大仙在他們耳裡說了話，又告訴我，蝦蟆爺會帶他們去別處幹活兒，要我回村子跟大夥兒說一聲。」

聽完這麼一段曲折，棒子頭擺擺手：「哎，萬縣也有人賣仙桃咧。」

不會吧！別處桃子哪有唐村的神奇！

那當然，所以萬縣賣的，全都是「唐村仙桃」！

嗄，唐村人聽得嚇一跳。

棒子頭邊說邊笑：「咱們阿海看不過去，跟那些店家拍桌子掀擔子，被扭進衙門去。」

阿勇唬地站起來：「這孩子！」

「這孩子愛抬槓！」棒子頭還是笑：「他跟縣太爺說道理：萬縣人不該冒唐村的名！大人沒話說，下令店家只能賣桃，不能賣『唐村』也不能賣『仙』！」

哈哈哈，整村子人笑翻了。

地牛鬧唐村

氣惱別人冒唐村仙桃的名字作買賣，阿海跟萬縣的店家起爭執。縣太爺雖然不准店家掛唐村的名，也不可以稱仙桃，卻同時判阿海得賠償店家損失，誰叫他脾氣衝，掀擔子砸桃子大鬧一場！為此，阿海留在萬縣打工賺錢沒回來。他爹阿勇好氣又好笑，存心要兒子嘗點教訓，既不去萬縣看他，也不讓唐村人幫忙出錢。「毛躁躁成不了事，做工正好叫他醒醒腦筋。」阿勇這麼說。

至於三天後人家來要債的事，既知是惡人存心巧取豪奪索財物，唐村人倒也不怕，楞子和阿篤、大牛、棒子頭，老早等候在桃樹林裡。

安靜的林子裡飄著桃子香，空氣清涼甜鮮。四個老夥伴走走看看，一派輕鬆。

「看過那麼多地方，還是咱們村子好。」「唐村是福地呀，唐村人有福氣！」聽到楞子和阿篤這麼說，大牛嘆氣了：「唐村仙桃原本用來救人濟貧，現在卻變成賺錢工具，大榮和保吉這兩個呀，都該去牆邊站，好好悔悟。」

棒子頭笑起來：「說不定大仙就是要他倆去砌道牆，圍著唐村，好讓他們兩個站哩。」

才說著，蝦蟆「嘓嘓」「嘓嘓」在他們身旁大聲鼓譟，大大小小幾十隻蝦蟆急急匆匆，往河邊那棵佝僂著主幹的老祖宗桃樹下跳，簡直像在逃跑！

蝦蟆爺怎麼了？楞子往牠們後頭看，沒有什麼在追呀。

大牛也往老祖宗桃樹過來瞧。這棵桃樹是唐村祖先種下的第一棵，到現在都還長出好吃的大紅桃。蝦蟆們聚在這棵桃樹下，圍得密麻麻一圈又一圈，「嘓嘓」聲聽起來悲悲愴愴像哀號，到底是為什麼？

阿篤朝河裡張望。哎哎，不得了！河水晃來盪去，像什麼人伸手在裡頭攪，還「咕嘟」「咕嘟」冒出小水泡。看得出安靜和氣的桃蹦兒河水，努力忍住要爆發的脾氣，是什麼惹惱它了？

棒子頭聽到身邊細細的「簌簌」聲，以為是風吹樹葉，卻不像平日「唰唰」「嘩嘩」響，抬頭看才發現是桃樹主幹陣陣顫抖！他伸手摸，那樹皮的微微顫傳遍頭到腳，他起了一身疙瘩。

「來看，來看。」棒子頭招呼其他三人：「這些桃樹都在打哆嗦！」

陸陸續續又有蝦蟆從各處跳出來，聚到老祖宗桃樹腳下；河裡不斷有水泡升上來，在河面上「啵」「啵」「啵」跟空氣說話。

四個人不約而同朝河面跪下喊：「蝦蟆大仙！」聲音混在「嘓嘓」聲裡，咦，原來蝦蟆爺同樣在喊大仙。

沒有水花、光霧，蝦蟆大仙的聲音突如其來，就在頭上身旁的空氣中飄飄晃晃：「快帶唐村子孫離開，沿著河水邊上走。」

看桃樹下的蝦蟆都往村子裡跳去，楞子驚疑的再喊：「蝦蟆大仙！」

這回大仙說得更清楚啦：「地牛要翻身，唐村人快到河邊來；蝦蟆帶路找淨土，快走快走莫停留。」

慌慌磕過頭，四人趕回村裡。所有人都被蝦蟆爺叫回家，卻還七嘴八舌遲疑著：「要去哪裡？」「出什麼事了？」「該帶些什麼嗎？」

楞子大聲說：「地牛要翻身啦！做活吃飯的傢伙帶著，快到河邊集合！」

大人們進進出出，拿了工具又想到衣服和食物，手腳跟腦筋、眼睛忙亂得差點打架。

「楞子老爹」，阿祥扛起鋤頭跑過來搖楞子的腿：「地牛是什麼？」

阿福也來問：「地牛長什麼樣子？」他揹著一大綑繩子。

唉唷喂，娃兒們，這時候哪還能講古啊！楞子擺擺手：「地牛翻身不得了，會有大災禍，去催促你爹娘快點兒走。」

大山挑起籮筐要邁腳，又停下來想進屋，「我的家傳大茶壺！」一隻蝦蟆「嘓嘓」兇他，「不行！不行！」「快走！快走！」，茶壺只好留在門邊守著。

阿佑在他娘背上喊：「爺爺的大煙桿沒有拿！」做娘的想進屋，棒子頭手一攔：「走啦！走啦！」不給她進屋去。

全村子人腳步急促凌亂的往河邊跑，蝦蟆們跳成長長一條線。大牛和阿篤每家每屋去叫喚，動作慢的全給趕出門：「別拿了，命要緊，快走快走！」

阿隆嬸坐在板凳上不起身，兒子阿德急得跪下磕頭：「娘，快走吧！」大牛阿篤也沒輒，只好要阿德硬是揹起老母親，任老人家在他背上捶啊叫啊：「你讓我留下，我要守著村子！」

唐村後山裡突然傳出「嗚嗚」的低吼聲，像什麼怪獸惡魔要跳出來。阿隆嬸嚇楞得成啞巴，過一會兒才想到叫兒子：「阿德，快點，咱們在最後了。」

楞子等在河邊招呼大家：「跟著蝦蟆爺，順河邊走。」樹上桃子大聲喊：「帶著我！」「帶著我！」楞子忙叫住大夥兒來拿桃。人才站到樹下，桃子一個個跳下來，大的小的紅的粉的青的黃的，每一顆都不用摘，自動飛下滾落跌進口袋裡，每人都帶著一顆桃。

蝦蟆大仙的聲音又在空氣中嗤嗤響：「動手動手莫停留，快走快走莫回頭。」哪能不回頭呀！娃兒們頻頻轉臉看，大人們也忍不住一瞄再瞄，腳步雖然移動，心卻留在村子，捨不得啊！

最早到的一批人跟著棒子頭先離開，又來的一批人數眾多，阿篤和大牛分別在前面後頭照料。楞子留在最後，等阿德母子喘噓噓趕到，村子裡再沒有人了才動身。「莫回頭，莫回頭。」大仙的聲音還在空氣中迴盪。挑重擔的小夥子們年輕力壯，已經走到前頭，桃蹦兒河水「啵啵」「啵啵」越叫越大聲，水泡越冒越多也越快。

不尋常的河水讓唐村人大跨步急急走，腳下泥土陣陣顫抖，樹枝嚇得「唰唰」叫，地牛翻身了！棒子頭和阿昌一群小夥子二三十個，正走到後山下，楞子才剛彎入雜樹林，察覺地底下有動靜，所有人心頭砰砰跳，催緊步伐快快跑。

高大山壁嗚嗚吼吼，陰影下河水不見了，茫茫一片雜草高過人頭。沒有路，該往哪裡走？

「嘓嘓嘓」「嘓嘓嘓」，蝦蟆們湊攏在一起，對著地底大聲叫。

唐村後山「轟隆隆」「轟隆隆」打著巨雷，地動天搖，唐村人站不穩，跌呀摔呀趴躺在地上，土地也上下跳。

河水從地裡又長出來，箭一般往前射出去，彎彎轉轉避過山。「快走快走莫停留！」大仙的聲音穿透雷響傳進耳朵，蝦蟆再起跳，跟著河水往草叢裡竄。唐村人爬起身，抱起娃兒扶起爹娘，顛著步伐歪著身形向前衝。

棒子頭喘大氣，交代阿昌帶頭闖。他邊緩氣邊往後頭喊：「這裡這裡！」「跟上來，跟上來！」

地盤搖個不停，阿祥扛的鋤頭不見了，他還要找，被大牛爺爺抱住：「別回頭，趕緊往前走。」

阿德揹著阿隆嬸走不快，楞子抄起扁擔籮筐：「來，咱倆挑著你娘走。」楞子的大腳板陣陣發熱，年輕時走路的勇勁回到身上。他做前帶著阿德跑，蝦蟆不見了，河水被倒下的樹遮住，楞子只能朝後山方向衝。

可是，連大山也不可靠了！高聳陰森的唐村後山像活過來的巨人，拔起地裡的腳，穿出山石岩壁開步走。整座山裂開，滑下大塊大塊石頭。這個巨石怪走沒幾步就跌跤，往前重重一仆，「轟！」巨石怪摔得碎裂，噴炸出的煙塵和石塊四面八方飛，埋了唐村屋舍，埋了桃樹林，埋了池塘田地，也要把草叢樹林裡的唐村人埋了！

楞子和阿德人一歪，擔子落地，籮筐滾翻好幾圈，阿隆嬸從籮筐裡掙扎爬出來哼哼哎哎叫。土層被地牛掰開條條溝縫，頭頂的山石斷裂掉落，唐村人頭上腳下都受阻，蹲伏趴倒根本動彈不了。桃蹦兒河水倏地飛上天，垂放下柔軟水幕，把砸向唐村人的石頭大樹都擋住。

「快走快走！莫停留！莫回頭！」大仙在每個人耳朵裡緊緊催促。

「轟轟」「嗚嗚」的巨雷悶響裡，唐村人手腳並用連爬帶滾，仆仆跌跌顛倒碰撞，顧不得看周遭情況，只拼命往前跑，往沒有裂溝縫罅的土地衝。

還要多遠？還要多久？去哪裡才能擺脫地牛的糾纏？

唐村，再見

地牛翻身的時刻，留在萬縣的阿海正拉牲口駕車要送貨。騾子驚嚇亂跑拖動車子，把他撞倒傷了腿。休息大半個月，腿能走動了他就趕回唐村看究竟。出萬縣西城門朝西直走，通往唐村的路全堵死封住，阿海拖著蹣跚腳步，走過亂石堆、爬過斷木倒樹，費大勁兒走。日頭從他背後移上頭頂又來到他面前，估計該到桃蹦兒河了，卻還是只有倒下的樹木和土丘，前後左右一個樣，他迷路了！

左邊是大塊大塊石頭，右邊是成堆成堆石頭，前面還是疊疊層層的石頭！整塊地面被地牛好奇的開腸剖肚、翻出內裡，眼前凹凹洞洞的慘狀讓阿海看得心慌。往南走一陣，越看越陌生，回頭向北依然找不到熟悉的景物，地形完全不一樣！

我走到哪兒了？水停兒山？大砂地？還是竹子腳庄？向西應該會遇到桃蹦兒河，怎麼都沒見到？阿海茫茫渺渺又走一程，日頭落山時終於聽到水聲也見到水，竟是寬闊湍急的一條大河，看不到岸也看不到盡頭！

呆呆站在河邊，看一遍心就冷一分。桃樹林沒有了，桃蹦兒河沒有了，整齊乾淨的唐村屋舍，黑瓦白牆木頭門窗，美麗舒服的家，通通沒有了！

唐村被河淹沒了嗎？會不會還在河的那一頭？眼前的大河阻擋了他的去路，要如何渡過這無邊無岸的大水呀？

「蝦蟆大仙！」垂頭喪氣的阿海雙腿一軟，跪趴在河邊，淚水跟著叫喊一起落下來：「蝦蟆大仙，你在哪裡？唐村呢？我爹娘呢？桃蹦兒河啊……」沙啞的聲音喊得河面起雞皮疙瘩，吹起颼颼冷風。沒有大仙的回應，這河肯定不是桃蹦兒河。

阿海難過的眼淚掉不停，滿身泥土汙塵，手臂腿肚擦破皮刮出傷痕，他全身酸乏，靠著石頭打盹。睡一陣醒來，抬眼望天，星星們眨巴著光跟他招呼。

「星星啊，我拜託你們，替我照顧爹娘。」阿海望著閃爍的滿天星，虔誠說出心裡話。

「星星啊，唐村都是好人，不使壞不訛詐，請你們照顧唐村人。」他的眼亮晶晶，像落到地上的星。

「星星啊，我不應該使性子發脾氣，像地牛那樣胡掀亂砸……」阿海哽咽著說不下去。

墨黑的天地裡，星星們大又亮的光點閃呀閃，彷彿就在他面前點頭回答：「曉得。」「曉得。」「就是這樣。」

得到星星的安慰，阿海迷迷糊糊又睡去。

「阿海阿海，快來快來。」聽到聲音，阿海揉揉眼睛，呀，河面上有光！他定神看，水光裡有一塊巨大岩石，形狀像極了桃子，那石頭上有棵樹彎腰駝背老人一般，孤零零又全身滄桑！

見到矗立巨石的那棵樹，阿海立刻認出它：「老祖宗桃！」沒有錯，佝僂身軀，年歲比唐村老的這棵桃樹，阿海從小就聽長輩說它：「有老祖宗桃才有桃蹦兒河，有桃蹦兒河才有唐村！」

想到這裡，阿海鼻子酸眼眶熱，心頭卻暖呼呼。他伸手去要摸，平靜光滑的水面晃出波紋，岩石和桃樹抖抖顫顫不見了。

「老祖宗——」還沒喊完，水面更亮了，他看到一處平坦開闊的草坡，草堆上有鵝有猴子，圍著一堆籮筐繩索衣服棉被，還有，安安靜靜坐著一個人。「楞子老爹！」阿海衝口叫出聲。

聽到他的話，楞子老爹慢慢睜開眼，慢慢笑咧嘴，一個字一個字慢慢說：「阿海，回來啦！」

「村子其他人呢？」阿海小心朝著河水問。

「都在。」慢慢舉起手，抖抖顫顫向南邊指：「那兒。」楞子笑瞇了眼：「新的村子！」

水光裡，一群人揮著鋤頭柴刀正在整地造屋。阿海認出他爹阿勇，也看到阿土哥、阿昌哥、阿德叔、阿篤公、大牛爺爺。哇，還有旁邊跟著猴子搬柴草木頭的，不正是娃兒阿祥和胖阿福？

「爹！」「阿土哥、阿昌哥！」阿海興奮的趴下身，朝水裡的人喊，聲音大得讓河水打哆嗦，一圈圈漣漪晃啊晃，人都晃散了。

「嗄！」阿海失望的低下頭。還好河水依然光亮亮，阿海見到蝦蟆爺在裡頭跳呀跳，湊攏在一起，不斷從口中噴出水，那些水流成窪，流成溝又流入河裡。蝦蟆爺噴完水，趴著不動也不叫，定睛細細看，牠們都成了石頭！

這條河是蝦蟆爺造出來的嗎？阿海又驚又疑，水面暗了又亮起。唐村大大小小坐在坑坑疤疤的亂石堆上歇息，每個人掏出口袋裡的蝦蟆仙桃小心咬慢慢吸。看他

們吃得嘖嘖咂咂，阿海跟著嚥口水，好想吃喔。念頭剛起，有顆桃子朝阿海眼前浮上來。

聞到香香甜甜的桃子味兒，他忍不住伸手去撈。手指觸到冷冷河水，所有光裡的影像都消失，水面倏地暗黑難辨。但水裡真的有東西！阿海握住拿到眼前，熟悉的桃香撲鼻來，居然真是蝦蟆仙桃！

捧著桃子阿海心頭砰砰跳，唐村人在這河的底下嗎？才想著，水光再亮，他爹阿勇歎著氣：「唉，阿海若也在這裡就好了。」悠悠的聲音清清楚楚，思念的眼神穿透河水對上阿海的眼光。「爹，我在這裡呀！」忘了身前是大河，阿海起身朝他爹跑去。

「不行不行，快回去！」桃子大叫。阿海猛地一驚，腳下空空沒有底，他手拍腳踢掙扎要上岸，卻被水底暗流帶往河中央。

「回去還清了萬縣的債，對唐村父老才有交代。」慌亂中，阿海身子被提起來凌空過河上了岸，是蝦蟆大仙救了他！全身濕淋淋，阿海跪下磕響頭：「大仙！大仙！」可是任他叫啞了嗓磕破了頭，什麼聲音也沒有。

捱到天亮，阿海不再喊不再拜，抹抹臉紅著眼看手裡的桃。那粉嫩嫩大又圓的一顆笑臉，飄出香味撓著他：「吃啊，吃啊。」捧起桃他輕輕咬一口，甜甜的桃汁噴滿喉，慢慢嚥下每一滴汁液，「阿海，爭氣點。」「阿海，保重呀。」「阿海，唐村靠你啦。」爽朗親切的話語在他肚腸腦袋裡作響，吸一次就有一句叮嚀，嚥一口就是一次思念。

感謝大仙，把爹爹和親友父老的牽掛放在蝦蟆仙桃裡送來！吃下桃子後小心收好桃核兒，阿海朝西又磕頭：等我還了萬縣店家的損失就來找唐村！許過願要起身，咦，腳邊有顆石頭，活靈活現一隻蝦蟆抱著一顆桃。阿海捧起這蝦蟆石桃，心頭篤定了：不會錯，唐村一定還在！

回到萬縣的阿海不再大聲說話，整天悶著頭拼命工作。人家問起唐村，他搖搖頭；聽到旁人說起唐村，他靜靜聽。

「唉，這世上再沒有神奇好吃的唐村仙桃了。」聽見這麼說，他摸摸口袋裡的桃核兒，才不，我會再種出蝦蟆仙桃來！

「唐村人高壯善良，少見哪。」「唐村的人走路像在飛呀。」這樣的話讓阿海抬頭挺胸起勁做活，他可不能丟唐村的臉！

「唐村毀了，可惜呀！」更多的人搖頭惋惜。只有在這時候阿海才會開口：「毀不了的，唐村一定還在！」

工作半年，阿海還清該賠償的銀兩離開萬縣，從此沒有人見過他。

幾年後有人注意到，天光晴朗的日子，西邊山上都會閃現彩虹流光，七彩顏色讓山頭氤氳成仙幻奇境。

一傳十、十傳百，看見山上彩虹的人越來越多。有人想靠近看清楚些，被一汪大水隔絕在山外，只見到水中倒影虹光流晃，美極了。河水冷冽清澈，風吹拂面帶著淡淡的桃子香，這空氣，甜的哩！只要山頭有彩虹，空氣中就有桃子香。

好奇的人乘船渡河來到山腳，陡峭山壁懸崖對著訪客說：「沒有路了，回去吧。」仰頭張望，眼力好的人見到了：「山上有猴子。」「還有鵝。」「有棵彎腰駝背的樹！」細瞇著眼極盡目力看：「嘿，是桃樹啦，上頭長了桃子！」這麼興奮叫嚷惹來一陣應和，「嘓嘓嘓」「嘓嘓嘓」，山壁岩洞裡蝦蟆叫聲迴盪著。

咳，這香甜的空氣，這嘓嘓聲響，更有，這彩虹流光的桃子，不就是神奇的唐村嗎？

少年文庫　PG0401

新銳文創　唐村

INDEPEDENT & UNIQUE

作　　者	林加春
插　　畫	葉秋紅
責任編輯	蔡曉雯
圖文排版	郭雅雯
封面設計	蕭玉蘋

出版策劃	新銳文創
製作發行	秀威資訊科技股份有限公司 114 台北市內湖區瑞光路76巷65號1樓 電話：+886-2-2796-3638　傳真：+886-2-2796-1377 服務信箱：service@showwe.com.tw http://www.showwe.com.tw
郵政劃撥	19563868　戶名：秀威資訊科技股份有限公司
展售門市	國家書店【松江門市】 104 台北市中山區松江路209號1樓 電話：+886-2-2518-0207　傳真：+886-2-2518-0778
網路訂購	秀威網路書店：http://www.bodbooks.tw 國家網路書店：http://www.govbooks.com.tw
法律顧問	毛國樑　律師
圖書經銷	貿騰發賣股份有限公司 235 台北縣中和市中正路880號14樓 電話：+886-2-8227-5988　傳真：+886-2-8227-5989

出版日期	2011年01月 初版
定　　價	220元

國家圖書館出版品預行編目

唐村 / 林加春著.-- 初版. -- 臺北市 : 新銳文創,
2011.01
面； 公分. -- (少年文庫 ; PG0401)
BOD版
ISBN 978-986-86815-1-4(平裝)

539.581 99024283

讀者回函卡

感謝您購買本書，為提升服務品質，請填妥以下資料，將讀者回函卡直接寄回或傳真本公司，收到您的寶貴意見後，我們會收藏記錄及檢討，謝謝！

如您需要了解本公司最新出版書目、購書優惠或企劃活動，歡迎您上網查詢或下載相關資料：http:// www.showwe.com.tw

您購買的書名：________________________________

出生日期：________年________月________日

學歷：□高中（含）以下　□大專　□研究所（含）以上

職業：□製造業　□金融業　□資訊業　□軍警　□傳播業　□自由業

　　　□服務業　□公務員　□教職　□學生　□家管　□其它______

購書地點：□網路書店　□實體書店　□書展　□郵購　□贈閱　□其他

您從何得知本書的消息？

□網路書店　□實體書店　□網路搜尋　□電子報　□書訊　□雜誌

□傳播媒體　□親友推薦　□網站推薦　□部落格　□其他__________

您對本書的評價：（請填代號　1.非常滿意　2.滿意　3.尚可　4.再改進）

封面設計____　版面編排____　內容____　文／譯筆____　價格____

讀完書後您覺得：

□很有收穫　□有收穫　□收穫不多　□沒收穫

對我們的建議：________________________________

____

____

____

請貼
郵票

11466
台北市內湖區瑞光路 76 巷 65 號 1 樓
秀威資訊科技股份有限公司 收
BOD 數位出版事業部

（請沿線對折寄回，謝謝！）

姓　名：＿＿＿＿＿＿＿＿ 年齡：＿＿＿＿ 性別：□女　□男

郵遞區號：□□□□□

地　址：＿＿＿＿＿＿＿＿＿＿＿＿＿＿＿＿

聯絡電話：（日）＿＿＿＿＿＿＿＿（夜）＿＿＿＿＿＿＿＿

E-mail：＿＿＿＿＿＿＿＿＿＿＿＿＿＿＿＿